廣瀬 涼

タイパの経済学

GS 幻冬舎新書 706

はじめに

２０２２年、国語辞典などを手がける出版社・三省堂が発表する「辞書を編む人が選ぶ『今年の新語２０２２』」において、その年を代表・象徴する新語ベスト10の大賞に「かけた時間に対しての効果（満足度）」や「時間的な効率」を意味する「タイパ」が選ばれた。

きっかけは２０２１年、ファスト映画（ネタバレを含む要約された動画）の投稿によってアップロード主が逮捕されたことであっただろうか。

違法性のあるファスト映画をなぜ人々は消費するのか。メディアがその背景を探るうえで「タイパ（タイムパフォーマンス）」というキーワードに着目し、効率性をとくに求める若い世代の消費行動は、それ以前の世代と比較すると「タイパ」追求型である、といった文脈で使われるようになった。

今や「タイパ」は、なじみのある言葉として認知され、定着している。

正直、２０２２年４月にライターの稲田豊史氏による『映画を早送りで観る人たち ファスト映画・ネタバレ――コンテンツ消費の現在形』（光文社新書）が出版されたことでタイパという概念はすでに十分に議論され、筆者が本書執筆の話をもらったときにも今さら感は否めなかった。なにより、本という媒体自体がタイパに逆行するメディアであり、タイパを学ぶには最もタイパの悪い手段であると思うからである。

とはいえ、タイパという言葉が大衆化したことで、その言葉の意味があいまいに使われていることも認識している。効率性を追求するという側面を見れば、今から10年以上前に流行した「コスパ」の概念と重なる部分も大きく、両者が混同されることもしばしばだ。

筆者がまだ大学生だった２０１０年ごろ、引越しのＣＭで俳優の上戸彩が「コスパで選んでる？」と言っていたこともあり、大学生の多くが何かにつけてコスパ、コスパと唱えていたことを覚えている読者もいるのではないだろうか。

コスパとはもちろん「コストパフォーマンス」のことを指す。支払った費用（コスト）と、それにより得られる効果（パフォーマンス）を主観で比較した際に、安い費用で高い効果が得られれば「コスパがいい（高い）」わけである。当時の大学生は、できるだけ安く、できるだけ長く飲める居酒屋の飲み放題の料金を比較して、「コスパ」という言葉を使いたがっていた気がする。

今では当たり前のようにお昼のワイドショーや広告に出現するコスパという言葉だが、そもそも商品を比較し、価格を軸に決定するという消費行動は、価格競争が存在する市場において消費者は言わずもがな行っている。コスパなんて言葉が生まれる以前からある、合理的な消費行動なのだ。

ではなぜ今、消費者も提供サイドもコスパをわざわざ意識する必要があるのか。それは消費者が消費におけるプライオリティ（優先度）として価格を重視せざるを得ない状況が続いているからである。

バブル崩壊以後、景気は下を向き、所得は上昇せず、でも物価は上昇、税金は増えるばかりで、使えるお金に余裕がない。しかし、そんな苦しい状態でも生活者は何も抗うことができない。自らの手で賃金を上げることもできないし、物価や税金をコントロールすることもできないからだ（選挙でそのような問題解決を公約に掲げる候補者に投票するという方法もあるが）。

そのようななかで消費者の消費を喚起してきたのが、低価格帯の小売りやディスカウントストアの存在だ。１００円ショップを思い浮かべてほしい。今から30年前、日常生活のなかで１００円ショップを目にする機会があっただろうか。

安かろう悪かろうと思われていた１００円ショップの商品も、品質は大きく改善され、ありがたいことにおおむね満足できてしまうことのほうが多い。信じられるだろうか？　昔ならその街の景観（イメージ）を崩すと言われかねなかったあの銀座や、東京ディズニーリゾート内にある大型複合商業施設イクスピアリにまで出店しているのだ。

大衆消費社会を迎え、所有することに重きが置かれた１９５０年代後半以降の「モノ消費の時代」や、購入した商品の品質をブランド名によって判断していた１９８０年代の「記号消費の時代」には、ある意味で価格が高いことすら商品を選考するうえでの要素になっていた。ところが、数十年でその価値は大きく変化し、「済むのならば極力低コストで」というコスト重視の消費行動は当然のことであるという認識のもと、私たちは消費を行っている。

このような価値観のもと、業務スーパーやコストコといった、大量に購入することで割安になるディスカウントストアに注目が集まるようになった。
「どうせ使うモノだし、たくさんあっても大丈夫」「せっかく買うのならばできるだけ安いほうがいい」という消費者のニーズを両方満たすことができるこれらの店舗は、「普通の店よりもたくさん入っているのに安い」という、価格だけでなく付加価値（ここでは大容量）が差別化の要素となっているわけだ。

コスパの本質はここにある。ただ安いだけならば価格競争にすぎず、消費者は「安いことだけ」を指標にモノを選ぶことができる。ところが今では、「安くて大盛り」「安くて耐久性もある」「安くてデザインがいい」といったように安いことが前提で、購入して得られる商品の使用価値とは別の何かを追求することや、「この価格でこの品質やサービスを受けることができるならば安い」といったように価格がもたらす妥当性が大きな購入決定要因になっている。

この消費者本意の価値観は、贅沢といえば贅沢ではないだろうか。安いだけでは飽き足らず、払った対価以上の何かを私たちは求めており、それはメーカー、小売りといった提供側の努力によって支えられているからである。

ただ、不景気で、消費したいモノはたくさんあるのに使えるお金に限度があるという、ある意味での経済的制約のなかで、自分の支出から最大限の効用を得ようとするのに限度があるからこそ、購入する商品やサービスに対して強く費用対効果を意識してしまうのも致し方ない。

このコスパという概念とタイパの概念は、効用の最大化のために消費の最適解を検討するという点では大きく類似しているが、その目的は大きく異なる。

コスパにおいては「お金がないから安いモノを求める」という行動は合理的だ。一方、タイパにおいて「時間がないから時間のかからないモノを求める」という行動は一見合理的に思えるが、ファスト映画のように本編を観ずに内容を知って満足するという行動に合理性があるとは思えない。

自らネタバレを探しにいって、その映画を初めて観るときの感動や興奮できる権利を自ら放棄するわけだし、なにより映画はあくまでも娯楽であり、強要されて観るモノではない。本当に興味があれば言われなくてもその作品を観るわけで、そこまで興味がないモノに対してわざわざ時間をかけてネタバレを探し出し、観てもいないのに映画を観た気になる行動のどこに合理性を見出すことができるだろうか。

本書では、筆者の専門である消費文化論の視点からタイパとコスパを考察し、それぞれの消費行動を整理することでタイパの本質を探っていこうと思う。

筆者自身、とにかく事象を掘り下げ、根底にある消費の背景や文化を明らかにし、明文化することを心がけている。そのため本書では「言われなくてもわかっているよ」と言いたくなるほど当たり前なことも書いているが、そうすることで「言われてみればそうだよな」と感じることもあるかもしれない。

読者の皆さんの生活に根付いた当たり前の事象を明文化し、その本質を考察しているからこそ、その当たり前の消費行動に「そんな意味があったのか」と気づきを得ていただけたら幸いだ。

図版・ＤＴＰ 美創

第1章 タイパの正体

「コスパがいい」と感じる3つのパターン

タイパを理解するには、まずはコスパについてあらためて考える必要がある。

コスパとはコストパフォーマンスの略称で、支払った費用（コスト）と、それにより得られた効果（パフォーマンス）を比較したものだ。安い費用で高い効果が得られれば「コスパがいい（高い）」と表現される。

なぜ、私たち消費者はコスパを追求するのだろうか？　「安いに越したことはないからに決まってるだろ」と多くの人が回答するであろうこの質問、果たしてこれは答えになっているのだろうか。

価格が安価であることにプライオリティを置くのならば、消費者は「安さ」を追求すればいい。同じ商品やサービスカテゴリーが溢れる現代市場において、値段がすべてならば私たちは何も悩むことはない。

米コロンビア大学で行われた「ジャムの実験（the jam experiment）」をご存じだろうか。シーナ・アイエンガー教授による「品揃えを豊富にしたほうが売り上げが伸びる」という仮説を検証するための調査で、24種類のジャムを置いた売り場と、6種類しか置いていない売り場でどちらが売り上げがよいかが比較された。結果は、24種類の売り場ではジャム購入を検討している客の3％しか買わなかったのに対して、6種類に絞った売り場では30％近くがジャムを購入したという。

この実験でアイエンガー教授は、「選択肢が多いほど人は選ぶのに悩み、選んだ結果が本当にいいのか気になり、自信をなくして結局選ぶのをやめてしまう」と分析した。私たちがただ値段だけを購買決定要因にするのならば、商品選びはまったく骨の折れることではないし、企業側もただ価格競争に尽力すればよい。

ただ、実際にはそんなことはなく、味や見た目、大きさなど、さまざまなことを考慮に入れて、私たちは「これだ！」という一つの商品を決定するわけで、ジャムならなんでもいいわけではないのである。

ここから、必ずしも私たちは、安いことを「コスパがいい」と知覚するわけではなく、安さ以外の何か〝も〟考慮に入れていることがうかがえる。私たちが「コスパがいい」と知覚できるのは、「安くてなおかつ○○」「安いのになおかつ○○」「○○を提供するのに妥当もしくは安いと感じる」といったように、「価格」によってもたらされる心理的な情緒がコストパフォーマンスの追求につながっているのである。

①安くてなおかつ○○

これは私たちが日常生活で最もコスパのよさを実感できる瞬間である。「安くてうまい」「安くて大容量」など、安いということが前提で、なおかつその商品やサービスを購入することで心理的効用を得られる状況である。

飲食店に入って食事をする際、私たちは「うまいモノ」が出てくることを当然のように期待する。家でも自炊ができるのだけれども、飲食店というプロに対価を払って食事を提供してもらうわけだから、誰もまずいモノが出てくることを予期しながら入店するわけではない（もちろん必ずしもその結果が期待通りになるわけではないが……）。

さらにそれが高級料理店や口コミがいい店、その地域の名物ならば、高い対価を払っているのだから、みんながうまいと言っているから、名物なんだからと、うまいことが当然であるかのように料理を評価する。「うまい」という評価は、本来飲食店においては期待通りの結果として保証されているのだ。

しかし、それが「安くてうまかった」ら話は変わってくる。通常私たちは、高価な製品と比較して安い製品はクオリティが劣ると認識しており、裏を返せば高価であることがクオリティの保証になっている（と信じている）。安かろう悪かろうの考え方だ。

その固定観念に反して「安くてなおかつおいしい」のならば、安いということがおいしいという事実をより引き立てていることになる。前述した通り、おいしいことを当然の結果として消費者が予期しているのならば、おいしいということは特段評価されることではなく、むしろ消費者が求めていることそのもので、そこに飲食店へ行くという理由が見出されるわけだ。

しかし、ただおいしいだけでなく、なおかつ安いのならば、「本来（高いモノと比較して）安いモノはおいしくはない」という予期は裏切られ、おいしいことは当然であるはずなのに、安いという事実がおいしいということそのものを付加価値のように成り立たせて、お得感を生み出すわけである。

おいしくなくても安いモノは安い。高いモノならうまくて当然。だからこそ、安いだけでなく、おいしいという2つの心理的充足がなされるため、ただ安いだけのモノ、ただうまいだけのモノと比較したときに「コスパがいい」と感じるわけである。「安い」が「安くてなおかつ○○」の○○の部分を引き出しているともいえるかもしれない。

私たち消費者は価格によってそのモノの価値を再評価する傾向があり、価格によって対象の評価が上昇するのならば、その対象は「コスパのいいモノ」となるのである。

②安いのになおかつ○○

これは一見、①と同じように感じるが、「安くてなおかつ○○」は「安い」と後ろに続く「○○」をつなぐ接続詞が添加になっている。英語で言えばandやfurthermoreといったところだろうか。

一方、「安いのになおかつ○○」は接続詞が逆説となっており、英語で言えばbutが「安い」と「○○」をつないでいる。「安いのにうまい」「安いのにおしゃれ」といったように、通常消費者が予期している安さから得られるクオリティを、いい意味で裏切られるときに知覚するお得感や質のよさに対して「コスパがいい」と感じることもある。

これも価格が「安い」ということとは別の心理的情緒が充足されており、その商品やサービスが実際に受けるはずだった評価以上の価値を価格が生み出しているといえるだろう。

③○○を提供するのに妥当もしくは安いと感じる

必ずしも安くはないが、その商品やサービスを消費したことによって「この値段なら妥当か」「あんなに素晴らしい経験ができたなら安いものだ」と高い満足を得ることがある。実費用がいくら高くても、結果的に十分満足がいく（元がとれていると感じた）とき、

「コスパがよかった」と評価されることもあるのだ。

コスパは主観である

「コスパがいい」という評価は、万人が同じ指標を持って行っているわけではなく、あくまでも個人個人の主観で評価されている。

ここで質問です。今、無性にラーメンが食べたくなりました。あなたはどんなラーメンを食べますか？

あなたには、名店で食べることができる１５００円のラーメン、まあまあおいしいとあなたが評価している地元の店の５００円のラーメン、特売で買った80円のカップラーメンという選択肢がある。

今回はラーメンを食べることが目的そのもので、この3つのラーメンはその目的を達成するための手段となる（この先読み進めていくうえで重要となるので、コスパにおける目的と手段の関係を覚えておいてください）。

どれも「ラーメンを食べる」という目的は達成できるが、コスパを考えたときにどのラーメンを食べるべきなのか。名店の１５００円のラーメンはおいしさが保証されてはいる

表1　今、無性にラーメンが食べたくなりました。あなたはどのラーメンを食べますか？

	価格	評価
名店	1500円	絶品
地元の店	500円	まあまあおいしい
カップラーメン	80円	まずくはない

が、３つのうちで最も高価だ。80円のカップラーメンは最も安いが、クオリティは知れているだろう。ならば１５００円のラーメンよりは安く味は劣るが、80円のラーメンよりは高いが味は優れている５００円のラーメンを選ぶべきなのか。

ただ目的を達成することを念頭に入れれば、最安値のモノを選ぶことで最もコストがかからずに目的達成につながるが、あと４２０円出せば１５００円払わなくてもまあまあおいしい地元の店のラーメンを食べることもできる。

また、家にいるのならば外食は金銭以外のコスト（電車代やガソリン代、わざわざラーメンを食べるためだけに腰を上げるモチベーション、店までの時間）もかかるため、その手間を考えればカップラーメンがコスパがいいと知覚する消費者もいるだろう。

一方で、名店の近くにいてたまたま待ち列がなければ、店が近くにあること、待ち時間がないこと自体がコスパのよさにつながることもある。

　安さに特化するのか、かかるコスト（手間）を考慮するのか、人それぞれ選ぶモノは違うだろうし、同じ人でもそのときの状況で選ぶモノが違ってくるだろう。また、自分は安くてうまいと知覚していても、例えばもっと安くておいしい店を知っている人がそれを食べたときの評価は、必ずしも同じにはならない。

　コスパの追求にあたっては、目的を達成するうえで、価格、得られる情緒（お得感）、達成するためにかかる金銭以外のコストを考慮し、自身の金銭的余裕度や疲労度などそのときの状態や、自分が今どこにいるのかという環境、目的を達成するうえでどの程度満足したいのかという求める効用度合いなど、状況が大きく左右する。

　コスパがいいという評価はあくまでも「主観」であると同時に、同じ消費者でも状況によってはコスパの良し悪しの評価が変化するのである。

コスパは比較によって初めて生まれる

　コスパは何かと比較して生み出される知覚でもある。価格や容量など同じカテゴリーの製品と比較したうえで、どちらのほうがお得（コスパがいい）か検討されることが普通だ。

また同じカテゴリーであっても、その目的を達成するうえでどちらが合理的か、価格以外の何かが比較されることも多い。

通常私たちは、購買経験を通して商品に関する知識を高めていく。どこの店が安い、どこのメーカーの商品がおいしい、どこの商品のデザインがいいといった類のことだ。食べ物にしろ、雑貨にしろ、消耗品にしろ、過去に買ったことがあるから、目の前にある製品が「安いのか安くないのか」「多いのか少ないのか」を判断できるわけだ。

価格や容量は見ればわかるので、おおむね客観視できる尺度である。一方、使用価値は個人個人の経験であり、「この洗剤は安いけど香りがよくない」「このコーラは大手メーカーに比べると味が落ちる」といったように主観的な尺度で評価され、その価格を支出することで自身のニーズが十分に充足できるのかを判断するわけである。

客観的尺度と主観的尺度

客観的尺度→「安いのか安くないのか」「多いのか少ないのか」

主観的尺度→「この洗剤は安いけど香りがよくない」
「このコーラは大手メーカーに比べると味が落ちる」

安くて大容量の食器用洗剤でも、油落ちが悪く何度も継ぎ足す必要があるなら、皿洗いをするという目的を達成するうえで最適解ではない。手放しでコスパがいいとはいえないわけだ。この「油落ちが悪い」という評価は、今まで使ってきたものと比較したうえで下された評価であり、値段や、値段が引き出した情緒的効用と同様に過去の使用経験（初めて買う商品ならばその商品に対する期待値）もコスパを検討するうえでの要素となるのである。

また、「はじめに」でも挙げた引越しというサービスなら、会社を比較する際にただ料金を比較するだけではなく、その料金でどこまでのサービスを行ってくれるのか、という点も検討にあたっての大きな要因となるだろう。

例えばA社は5万円と見積りでは最安値だったが、ダンボールは個人で用意しなくてはならない。B社は7万円だが、ダンボールの用意はもちろん、家具の設置、不要な家具の処分、ダンボールの撤去などアフターサービスもついている。引越しという目的をただ達成するのならばA社で十分かもしれないが、付属するサービス内容を見たときに、B社のほうが高くても利用したいと思う消費者もいるだろう。

表2　コスパ追求の際に考慮されること

クオリティ	大容量でも品質が悪ければ一度に使用する量が増えたり、そもそも使うのをやめてしまうこともある
付属サービス	価格比較した際に安いほうを選ぶことが合理的だが、付属するサービスが多い場合、値段が高いほうを選ぶことが合理的な場合もある
耐久性	いくら安いからといって壊れやすかったり、使用感が悪かった場合、安物買いの銭失いである
必要性	いくらコスパがよくても、割安を追求して必要以上の出費をすることはコスパがいいとはいわない

消費者が単純に「金額だけ」で購買を決定しているのならばB社を選ぶことは非合理的だが、2万円という差額分を十分に満たしてくれるサービスであると感じるのなら、その消費者にとってはB社のほうがコスパがいいわけだ。

また、いくら安くても壊れやすかったり、使用感が悪かった場合、安物買いの銭失いである。他の選択肢より値段は高くても、長い目で見れば元をとれる場合、結果的にはコスパがよかったと実感することはよくある。これこそまさに、その費用を払ったときにどれだけの効果を得ることができるか、というパフォーマンスが価格と同等以上に考慮されているからである。

一方で、いくら割安でも、必要以上の出費をすることはコスパがいいとはいわない。1リットル10

００円の食器用洗剤を、仮に１０００リットル50万円（1リットルあたり５００円）で販売したとしても、一般家庭では１０００リットルも必要ないのである。食器用洗剤の１リットルあたりの金額のみならず、50万円あったら他にどのような効用を得ることができるかという点や、保管するコストなどがあわせて考慮される。業務スーパーやコストコに行ったときに、欲しいモノはあるのにカゴに入れるのを躊躇《ちゅうちょ》してしまうのはこの心理が働くからである。

さて、ここまでだらだらとコスパについて論じてきたが、どれも私たちが普段意識せずに購買検討時にとっている行動である。この当たり前で、今さら言われなくてもわかるであろうコスパの概念を十分に理解していただければ、これから扱うタイパについても理解していただけると思う。

不景気の煽りを受けて

そもそもなぜ私たちはコスパを追求するようになったのだろうか。

やはりその背景には不景気が大きく影響している。「失われた20年」という言葉が２０１０年以降の経済領域で使われてきたが、あれから10年、「失われた30年」という言葉が使われ始めている。

個人の家計レベルにも、「失われた30年」は大きな影響を与えている。図1は国税庁「民間給与実態統計調査」をもとに作成した、１９８９年から２０２１年までの平均給与額の推移である。

この33年で最も平均給与額が高かったのは１９９７年の約４６７万円である。一方、リーマンショックの翌２００９年は約４０６万円と、２０００年以後で最も低くなっている。また、１９９０年代の平均給与額は約４５５万円だが、２０２１年は約４４３万円と１９９０年代の給与水準よりも減少している。

もちろん調査対象に非正規雇用者の給与金額も含んでいるため、平均給与が下がったという見方もできるが、非正規雇用で生計を立てている人やこの平均給与額に満たない所得で生活をしている消費者も数多くいるのは否定できない事実である。

一方で１９８９年には消費税３％が導入され、１９９７年には５％、２０１４年には８％、２０１９年には10％（軽減税率対象物は８％）と増税している。毎月10万円買い物をする場合、支払う消費税が３％なら３０００円であるのに対し、10％では1万円かかる。年間で１２０万円の買い物をすると想定すると、３％なら３・６万円だが、10％だと12万

図1　1989(平成元)年から2021年までの平均給与額の推移

出典:国税庁「民間給与実態統計調査」

円と、その差額は８・４万円にも上る。

　物価も上昇傾向にある。ニッセイ基礎研究所では１９８７年から２０２２年までの35年間の物価の上昇幅を算出しているが、１９８７年の消費者物価を１００としたときに、２０２２年は１２０・５となり、35年間で物価は約２割上昇したことがわかっている。

　まあ、このような指数で言われなくても、消費者は日々の買い物で商品価格の高騰を実感しているわけで、スーパーで「え、これこんなにしたっけ⁇」とカゴに入れるのを躊躇することが増えたのは筆者だけではないだろう。言うまでもなく、モノの価格が上昇しているということは、同じ１万円を持っていたとしても、買えるモノの量が昔よりも減少したということである。

一方、30年前と比較すると、年金保険料や健康保険料などの社会保険料も値上がりしている。国民年金保険料は１９９０年度の月額８４００円から、２０２０年度は2倍近い月額1万６５４０円となっている。たとえ給与収入の金額が同じだとしても、給料から天引きされる社会保険料の金額が増えているため、手元に残るお金は昔よりも減っているわけだ。

また、水道光熱費や、都市部では家賃などの固定費も増加傾向にある。あわせて、１９９５年にWindows 95が発売されたことをきっかけに一般家庭でもインターネットが使用されるようになり、昔は固定電話の回線費用だけで済んだのが、インターネット回線費用やスマートフォンの通信料も固定費として定着した。

格安スマホの登場や菅義偉政権による携帯電話通信料の引き下げもあったが、大手通信キャリアでスマホを月々分割払いしているユーザーからしたら、いくら通信費が下がっても最新スマホの価格は上昇しており、支払いの負担が軽くなったとは実感しにくいだろう。

国税庁「令和３年分 民間給与実態統計調査」[*1]によると、２０２１年の平均給与は４４３万円であった。月の収入では37万円ほどで、手取りは27万〜29万円と推量できる。

平均給与を年代別に見ると、20～24歳が２４９万円（月収約20万円）、25～29歳が３２８万円（月収約27万円）で、手取りはそれぞれ16万円前後、21万円前後と推量できる。実態としては、平均水準を下回る生活者も多いだろう。年齢が低いほど、実際に使える金額は少なくなる。

このなかから税を納めて、固定費を支払い、子育てし、生活費を捻出しているわけで、収入は現代日本で生きていくために十分な水準ではないのに、天引きされる金額が増えたり、物価の高騰や消費税の増税によって一つあたりの商品（消費）にかかるコストが上昇しているため、積極的な消費行動にブレーキがかかってしまっているのである。

ユニクロ、ダイソー、業務スーパー……コスパ重視の波

そんななか、日本人の消費を喚起してきたのが、低価格帯の小売りやディスカウントストアの存在である。

被服業界では２００８年から２００９年にかけて「Ｈ＆Ｍ」や「FOREVER 21」が日本に上陸するなど、ファストファッションブームが起きた。若者を中心に海外ファストファッションブランドや、１９９０年初頭にフリースでその地位を築いた「ユニクロ」や「しま

むら」「Honeys」「ＷＥＧＯ」といった低価格ブランドの需要が高まっていたことに関しては、読者の多くが認識しているだろう。

１００円ショップも「失われた30年」で大きく成長した業種だ。なかでも業界最大手ダイソーの店舗推移を見ると、２０００年は１５００店舗であったが、２０２３年２月時点の国内店舗数は４１３９店と３倍近くにまで増え、売り上げも１４３４億円から５８９１億円と大きく成長している。ちなみに前述した平均給与額が減少傾向に転じていったのも、ダイソーの店舗数が増加し始めた２０００年前後のことである。

また、高品質な優良ブランド商品を低価格で提供する会員制倉庫型店である「コストコ」も、会員制や陳列をしないという日本の伝統的な小売りとは異なるユニークな展開であったにもかかわらず、普段スーパーで買っているモノが大容量で割安で販売されていることや、高品質の生鮮食品がコスパよく購入できることが評価された。コストコは、食品などの高頻度に消費される商品をセルフサービスで低価格・短時間で購入できるようにした小売業態であるウェアハウス・ストアの消費文化を日本に定着させた。現在1店舗の売り上げが２０８億円、26店舗で約５２００億円の年商ともいわれている。

ウェアハウス・ストアといえば、「業務スーパー」も忘れてはならない。２０００年３

月、兵庫県三木市の郊外に1号店をオープンしてから、22年間で１０００店舗を達成している。大容量でお買い得なコスパのいいおすすめ商品が豊富に揃うことから、節約志向の幅広い世代から人気だ。コストコと異なり、消費者にとって身近な場所に出店していることも強みといえるだろう。

消費は楽しい

そもそも消費とは、人間の欲求を満たすために財・サービス（商品）、空間、時間などを消耗することを指す。

消費は生きていくうえで必要不可欠な行為であり、人類が誕生して以降、消費の繰り返しによって歴史は作られてきた。どんなに身分の高い王族や将軍も、はたまた農民や奴隷なども、服を着て、モノを食べ、住居に身を置く「衣・食・住」という行為は、誰にとっても生きていくという目的を達成するための手段である。

このような消費は、心理学者アブラハム・マズローが提唱した「欲求五段階説」のなかの「生理的欲求」や「安全の欲求」として位置づけられる。つまり消費は生きることそのものなのだ。

一方でこのような消費はルーティンとなっていたため、お世辞にも華のある行為とはいえなかった。しかし、人々の生活に余裕や余暇が生まれることで、消費は遊びの性質を帯び、消費によって快楽が得られるようになった。

それ以前の社会では、勤勉に仕事に取り組み、禁欲的な生活態度をとることが産業化を実現するうえで重要な精神とされてきた。しかし産業社会が実現するなかで、余暇や余裕を持つことができる人々が現れるにつれ、消費を通じて快楽を追求するような価値観にウエイトが置かれ、消費すること自体が社会における関心事の中心になっていった。

こうした「消費志向的人間」が増加することで、大衆消費社会が成立していった。前述した通り、ルーティンとしての側面を持っていた消費活動も、大衆消費社会が訪れたことで楽しいものへと価値観が変化していったのだ。

そう、消費は楽しい営みなのだ。欲しいモノが手に入ればうれしいし、おいしいモノが食べられれば幸せだし、お金を使うことは幸福感を手に入れるための普遍的な手段なのである。

ところが景気は下を向き、所得は上昇せず、でも物価は上昇し、税金は増すばかりで、使えるお金に余裕がないという現実によって、その楽しい営みに制限がかかってしまっているのが現代消費社会の実情でもある。

欲しいモノがあるからといってホイホイ買えないのは、一部を除いて皆同じ。低コスト重視の消費行動が定着していったそのなかで、自分の支出可能な範囲でいかに消費による満足感を得るか、ということもあわせて追求されるようになった。

前述した低価格帯の小売りやディスカウントストアがそれを後押しし、消費者は経済的制約があるなかで、どうせ消費するならお得に済ませて、余剰を増やしたり、最大限の効用を得たいと考えるようになった。消費者が知覚する「安くて」の「て」の部分は、価格が引き出す情緒（心理的効用）を指し、お金を払っているのに「お得な気分になれる」という、使用価値とは異なる購買体験の満足度の追求がコスパ追求の根底にある。そのお得気分を感じることは、日々の生活における消費の楽しみ・喜びにつながるのである。

もちろん、コスパがいいモノを選択することは合理的な消費行動である一方で、節約志向でもあり、金額を気にして購入すること自体に貧しさを感じることもあるかもしれない。また、そもそも積極的な消費に対する意欲が薄れてしまうと、消費する（お金を使う）こと自体をネガティブにとらえてしまうこともある。経済的制約があると自由に消費できるお金に限度があるため、急に湧き出た消費欲求やもともと使える予算を上回る消費を行おうとすることに後ろめたさが生まれてしまうのも確かだ。

また、コスパを追求する者のなかには、おいしくないとわかっていても、大容量で価格の安いモノで腹を満たす者もいる。彼らにとってコスパの追求は、その日を食いつなぐための選択なのである。

しかし、コスパを追求することで成し遂げた（得られた）余剰を利用して、自分の欲しかったモノを買ったり、ときたまの贅沢（ご褒美）につながるのならば、コスパ重視の消費行動が消費の楽しみ・喜びを見出すきっかけを与えているともいえる。よって、コスパのよさが消費に対する後ろめたさやネガティブな意識を緩和してくれる側面もあると筆者は考える。

タイパの起源

上戸彩が「コスパで選んでる？」とＣＭに出演していた当時、本書のテーマである「タイパ」は追求されていたのだろうか。

タイパという言葉の古い使用例をネット上で探してみたところ、２０１３年5月1日のマイナビウーマンに「若手社会人、自己成長に1日平均74分！〝タイムパフォーマンス〟向上に意欲」という記事が掲載されていたようだ。

記事の内容を見ると、大塚製薬が20〜30代の働く男女５００人を対象に行った「社会人の時間の使い方と集中力に関する調査」から、〝タイムパフォーマンス（＝時間能率）〟が社会人のキーワードになっていたということが引用されており、忙しい毎日のなかで自分を成長させるためには、今ある時間を効率よく有意義に使う＝タイムパフォーマンスを高める必要があるというニュアンスで、タイパという言葉が使用されていた。

また、２０１６年10月３日にウェブメディア「ジョーシス」に掲載されたコラム「情シスリーダーのための時間管理術10　仕事に時間をかけすぎない！タイパを意識しよう」を見ると、冒頭から「『タイパ』という言葉は耳慣れないと思いますが、『タイムパフォーマンス』の略です」とあり、タイパという言葉が一般にはまだまだ浸透していなかったことがわかる。

いずれにしても、「ルーティンのように毎週行われる会議はタイパが悪い」「家でできる仕事なのにわざわざ通勤時間をかけて出社するのはタイパが悪い」といったように、ビジネスにおいての時間と能率の関係について用いられていたわけだ。

さて、冒頭で述べた通り、タイパという概念はすでに十分に議論されている。とくに稲田豊史の著書『映画を早送りで観る人たち』はベストセラーになり、タイパについて世間が強く意識するきっかけを与え、それにまつわる問題点を広く啓蒙《けいもう》した。

稲田の著書はコンテンツの消費の仕方に焦点が置かれている。ファスト映画を含むタイパ重視のコンテンツ消費が行われる背景として、サブスクリプションサービス（サブスク）がもたらした作品数の多さや作品の説明過多傾向（描写からシチュエーションや登場人物の心理を読み取るのではなく、セリフによって今どのような展開なのかを説明することが増えている傾向）により倍速視聴が行われているという外部要因と、コミュニティの協調やつながり意識を求めてコンテンツを「鑑賞」ではなく「消費」していく（「観た」という事実を作る）という内部要因を指摘している。

また、若者世代へのアンケートやインタビューを通して、コンテンツを消化しなくてはいけない理由や、中年世代との意識の違いがリアルに記述されている。データや稲田自身の経験を用いて昨今のコンテンツ市場に切り込んでいて、ファスト映画やコンテンツ消費の傾向を知るには十分すぎるのだが、テーマがタイパを追求している消費者の一側面に絞られているため、タイパそのものの概念に触れられているわけではない。

また、若者のなかには、コンテンツを消化することで得られるアウトプットの材料や、「観た」という既成事実によって「オタクになりたい＝何かを極めている＝個性となる」と考える層もいるというオタク論を展開している箇所もあった。

筆者自身も学部在籍時から博士課程を経て現在に至るまで、オタクの消費を主な研究テーマにしてきている。在籍しているニッセイ基礎研究所では「Ｚ世代（１９９６年～２０１２年に生まれた世代）」研究家として、日々メディアで発信しており、私なりの若者のオタク文化に対する自論を擁《よう》している。

今さら「タイパ」というテーマを扱うわけだし、読者の皆さんに少しでも新しい知見を得てもらえるような切り口で語りたい。ここからは筆者の専門である消費文化論の視点からタイパそのものを考察し、そもそもなぜタイムパフォーマンスを意識する必要があるのか、という謎を読み解いていきたい。

ちなみに消費文化論とは、現代社会で消費がどのように機能しているか、そして消費がどのように社会的・文化的な影響を与えているかを研究する学問だ。具体的には、消費活動や消費者の行動を研究し、商品の生産や販売、広告やマーケティングなどのさまざまな要素がどのように影響し合って消費文化を形成しているかを分析している。ざっくり言えば、世の中のさまざまな事象を経済学や社会学の側面から考察し、消費の視点からアウトプットしているのだ。

そのうえで、稲田が言及する「オタクになりたい＝何かを極めている＝個性となる」という Z 世代の消費文化を肯定しつつ、それを筆者なりの切り口で考察していこうと思う。

YouTubeは主流のエンタメではなかった

昨今における「タイパ」は前述した通り、ファスト映画や動画の倍速視聴の側面から語られることが多く、かけた時間に対する満足度から転じて「最小の労力（視聴時間）で最大の成果を得る」ことを重視する若者の動画視聴に関する志向そのものを指すことも多い。三省堂の「今年の新語２０２２」でも「タイパ」が大賞に選ばれ、「世の中は活字文化から動画文化へ移行しています。その時代を生きるためには、タイパの向上が不可欠になるのかもしれません」と、選考会がコメントしている。

今ではタイパを追求した動画の視聴は認知された消費行動だが、２０１０年ごろはコンテンツ消費において「タイパ」という概念は意識されていなかった。というのも、ネットが今ほど主流のコンテンツではなかったからである。

ネットレイティングス（現・ニールセン）が行った2007年2月のインターネット利用動向情報サービスの調査[*2]によると、YouTube の家庭からの利用者が1017万人であったという。2022年5月の18歳以上の国内月間ユーザー数が7000万人だったことを踏まえると、[*3]この15年で7倍近くになっていることがわかる。なにより後者は18歳以上が対象であることを考慮に入れると、利用者数はより多くなるだろう。この数字だけでも、当時と現在との市場規模の差が見てとれる。

また、今では数多くのYouTuberがいわばインフルエンサーとして活躍し、「進研ゼミ小学講座」が実施している「小学生がなりたい職業」では調査を開始した2020年から3年連続1位となっている。しかし、日本におけるYouTuberの代名詞ともいえるHIKAKINが現チャンネル「HikakinTV」を開始したのは2011年であり、2010年当時YouTuberという名称自体を誰も知らなかった。当時のYouTubeのメインコンテンツはミュージックビデオ（MV）だったのだ。

2010年の日本で最も再生された動画はAKB48「ポニーテールとシュシュ」のMVで、1000万回以上再生だった。音楽関連を除く日本国内で視聴回数が多かったものでは、沢尻エリカの写真撮影の様子を「Fashion TV Japan チャンネル」が投稿した動画で、

図2　YouTubeの視聴時間（年代別）

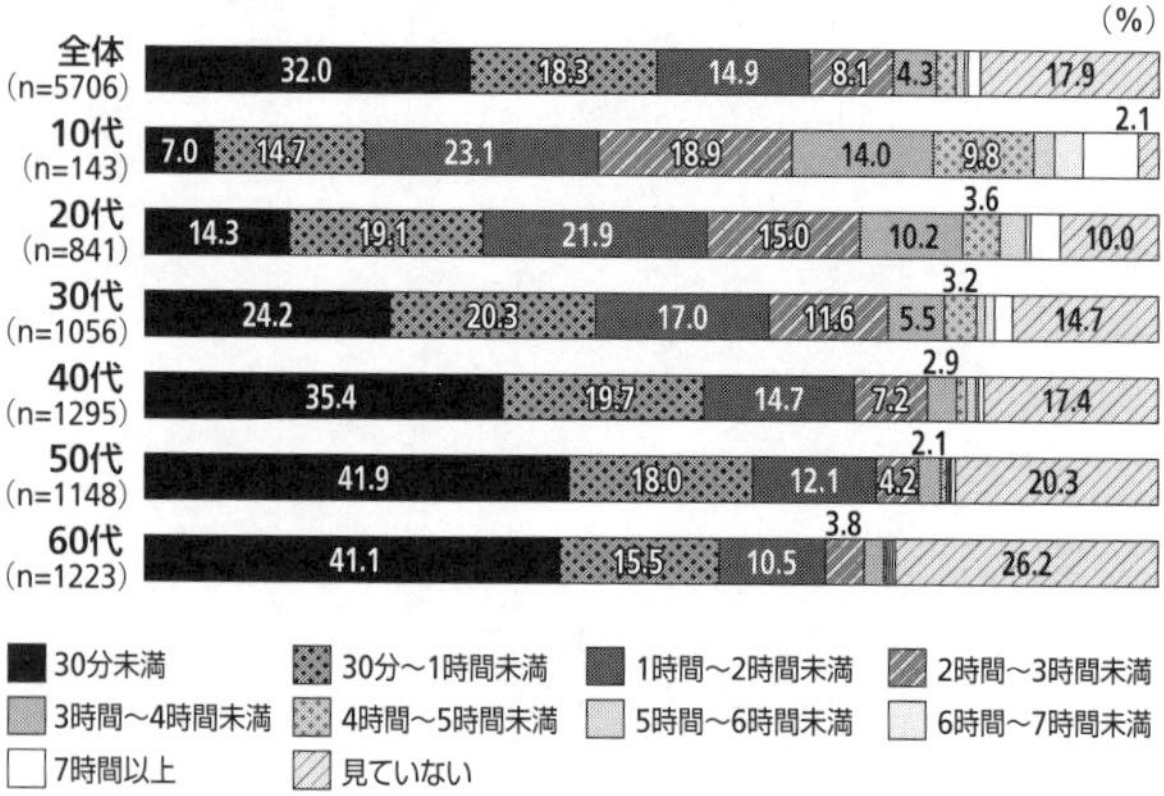

出典：MMD研究所「動画視聴に関する利用実態調査」2021年
https://mmdlabo.jp/investigation/detail_1993.html

約１９７万回再生だった。

一方、２０２２年の再生回数１位はSEKAI NO OWARI「Habit」のＭＶで、1億回以上再生であった。音楽・アニメ関連動画以外では、一人旅の様子を楽しむことができるチャンネル「Travel Alone Idea」の「日本で唯一の寝台特急の最安個室12時間サンライズ出雲でひとり旅【東京から出雲市】」で、７９０４万回再生だ。

この再生回数からも当時の市場規模がわかるだろう。ちなみに1日あたりのインターネットの利用時間がテレビの視聴時間を逆転したのは２０１５年ごろのことで、[*4] ＭＭＤ研究所が２０２１年に行った「動画視聴に関する利用実態調査」を見ると、全体の半数以上が毎日30分以上YouTubeを観ていることがわかっている。

スマホの普及とYouTube

YouTubeが普及した背景を知るには、スマホの普及に言及する必要がある。ＮＴＴドコモ　モバイル社会研究所の「２０１０年－２０２２年一般向けモバイル動向調査」によると、２０１０年のスマホ比率はわずか４・４％であった。

日本では、大手通信キャリアで契約時にスマホ本体を購入する消費者も多く、iPhoneを取り扱うキャリアの増加に伴い、iPhone（スマホ）の市場も拡大していった。

２００７年にAppleが初代iPhoneを発表すると、翌年ソフトバンクが日本で初めてのiPhone端末となる「iPhone 3G」を発売した。２００９年にはドコモが初のAndroid搭載端末を発表し、本格的なスマートフォンの普及の幕開けとなった。２０１０年、ドコモが３・９世代通信の「Ｘｉ（クロッシィ）」を発表すると、通信速度が固定回線並に速くなる。

さらに４Ｇが普及し、速い通信速度によって大容量のデータの写真や動画も楽しめるようになった。２０１１年にはそれまでAndroid端末のみを販売していたＫＤＤＩが

図3　ケータイ・スマートフォン所有者のうちの
スマートフォン比率

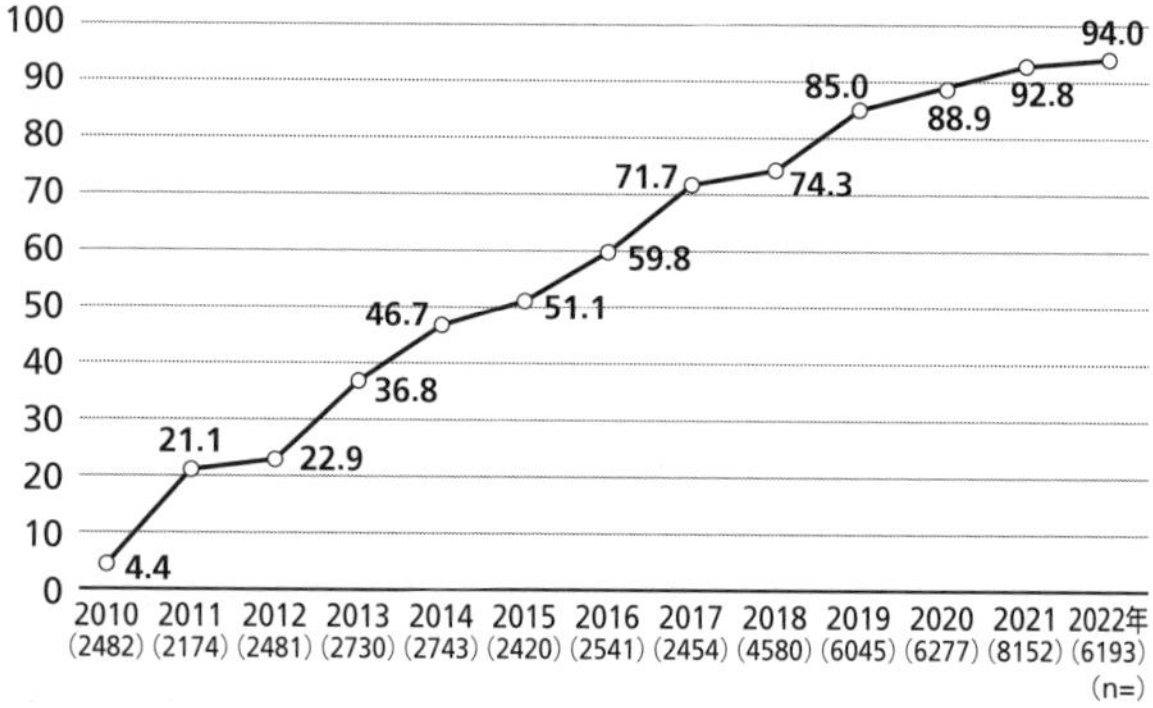

出典：NTTドコモ モバイル社会研究所「2010年-2022年一般向けモバイル動向調査」
https://www.moba-ken.jp/project/mobile/20220414.html

iPhoneの取り扱いをスタートし、２０１３年にドコモも続いた。ドコモがiPhoneを取り扱い始めた翌年の２０１４年のスマホ比率は46・７%と、２０１０年と比較すると10倍も増加している。

スマホが普及する以前は、インターネットは主にパソコンで（しかもほとんど有線で）利用されていたため、場所に制限があった。しかし、スマホの登場により、いつでも、どこからでもブラウザを利用できるようになり、YouTubeも例外なく個人の手のなかで消費できる身近なものへと変容していった。

あわせて、「GoogleがiOS向けのYouTubeアプリを２０１２年に公開したことにより、より手軽に視聴できるようになった。スマホの普及により、ビデオカメラを持ち歩くことなく動画も撮影できるようになったため、動画投稿者にとってもスマホはYouTube参入のハードルを下げ、YouTubeに投稿される動画のカテゴリーの裾野を広げたといえるだろう。

Twitterよりmixiの時代

スマホの普及に伴って増加したのはYouTubeの利用率だけではない。総務省「平成29年版 情報通信白書」を見ると、現在利用率が90％を超えるＬＩＮＥが２０１２年時点では20・３％、FacebookやTwitter（現・Ｘ）の普及率はmixiより低いなど、今のＳＮＳ市場と大きな差があることがわかる。

今や若者のＳＮＳの中心ともいえるInstagramは２０１０年にサービスを開始したばかりで調査対象ですらなく、TikTokも２０１６年にサービスを開始しており、頭角を現すのはまだまだ先の話だ。

しかし、ＩＣＴ総研が実施した「２０２２年度ＳＮＳ利用動向に関する調査」を見ると、ＳＮＳ利用者は８２７０万人に達しており、ＳＮＳ普及率も82％に及ぶ。若年層だけでな

表3　2012年のSNS利用率（スマホ比率22.9%）

LINE	**20.3%**
mixi	**16.8%**
Facebook	**16.6%**
Twitter	**15.7%**

出典：総務省「平成29年版 情報通信白書」
https://www.soumu.go.jp/johotsusintokei/whitepaper/ja/h29/pdf/n1100000.pdf

図4　主なメディアの平均利用時間（平日）

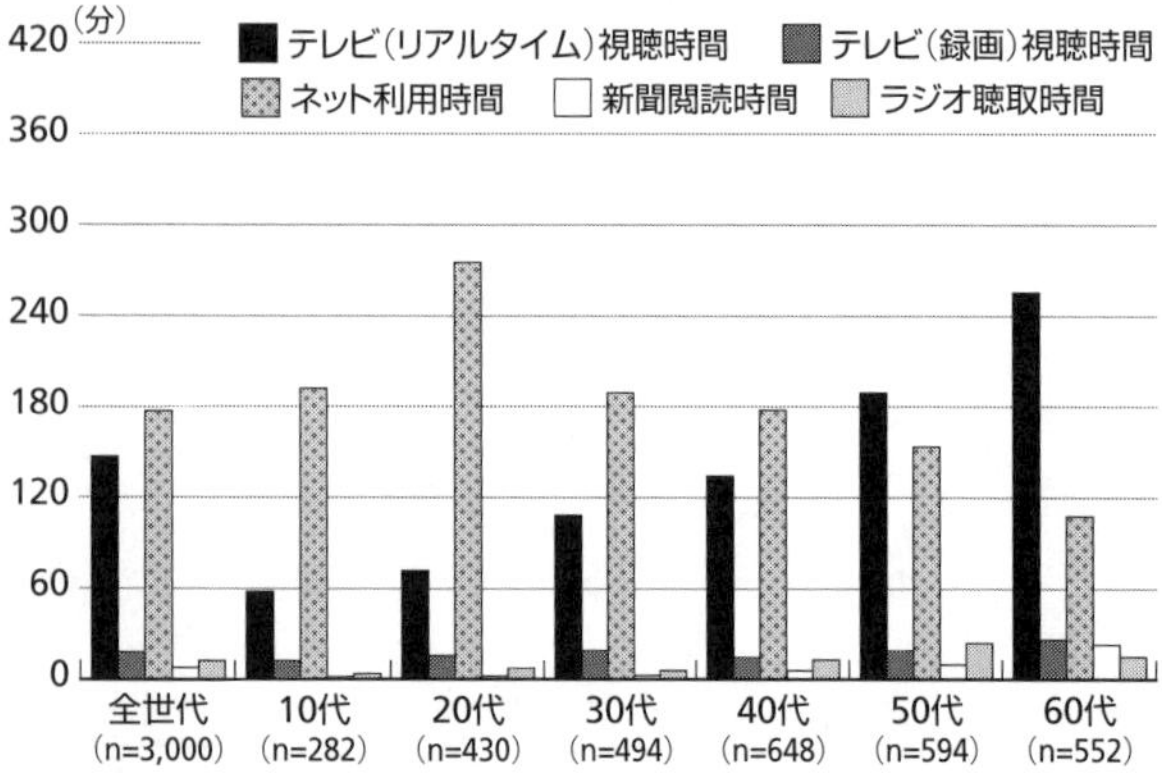

出典：総務省「令和3年度情報通信メディアの利用時間と情報行動に関する調査」
https://www.soumu.go.jp/main_content/000831290.pdf

く高齢者層にもスマホの普及が進んでおり、それに伴ってSNSの登録者数や利用数も増加傾向にあるのだ。

総務省「令和3年度情報通信メディアの利用時間と情報行動に関する調査」の「［平日］主なメディアの平均利用時間」を見ると、テレビは163・8分、インターネットは176・8分と、インターネットの利用時間がテレビを上回っている。ちなみに10代ではテレビ69・4分、インターネット191・5分、20代ではテレビ86・3分、インターネット275分と、その傾向は若年層で顕著だ。

Glossomが行った「スマートフォンでの情報収集に関する定点調査2021」によると、情報収集におけるスマートフォンの1日の平均利用時間の推移を見ると、2019年は112・1分、2020年は126・6分、2021年は136・3分と増加傾向にある。

さらにサービス分類別の利用時間を見ると、SNSの利用時間は2020年の67・1分から2021年は77・8分と15%以上増加している。年代別に見れば10代は108・9分、20代97・8分と若年層ほど高い。YouTubeにしろSNSにしろ、インターネット利用時の主なハードがパソコンからスマホに変わったことで、インターネットの利用はより手軽に、身近なものとなり、余暇に割かれる時間も増加している。

ここまで、だらだらといろいろなデータを参照しながら、YouTubeやスマホの普及率、インターネットの利用時間について見てきたが、とにかく筆者が言いたいのは、私たちの生活にＳＮＳが根付き、昔に比べて圧倒的に情報量が増えたということだ。

タイパ追求は合理的？

２０２０年、世界のデジタルデータの年間生成量は59ＺＢ（ゼタバイト）を超え、２０２５年には１８０ＺＢに到達すると予想されている。私たちになじみ深いＧＢ（ギガバイト）で換算すると「１ＺＢ＝１兆ＧＢ」となり、１８０ＺＢが途方もない数字であるとわかるだろう。昔よりも圧倒的に処理しなくてはいけない情報が増えているのだ。

「１日24時間」は変わらないのに、消費者はYouTubeをはじめとした動画プラットフォームやサブスク、ＳＮＳ、あわせて従来のメディアであるテレビ、マンガ、ゲーム、雑誌、音楽も消費しなくてはならない。情報がありあまるなかで、時間的な制約が存在しているともいえる。

しかし、情報が溢れているからといって、それを必ずしも消費しなくてもよい。また、YouTubeやTikTokの視聴にしても、Twitterのタイムラインを遡《さかのぼ》るにしても、私たちは惰性的に時間（情報）を消費している側面がある。目的を持って消費を行っているわけではなく、ただ流れてくるものを受動的に消化し、「明日も早いしそろそろ寝るか」「そろそろ最寄り駅だ」「頼んだラーメンが出てきた」と、消費（視聴など）をやめるきっかけも自発的というよりは外部要因によるもので、コンテンツの消費は行動と行動の間をつなぐ側面も大きくなっている。

明確な目的もなく、情報やコンテンツを受動的に浴びている現代の消費者は、なぜ時間の消費に対して効率性を追求するのだろうか。節約した時間は有効的に使えているのだろうか？

消費者は経済的制約があるなかで、「どうせ消費するモノなのだから」お得に済ませて、余剰を増やしたり、最大限の効用を得ようとすることは、合理的な消費行動といえるだろう。ざっくり言えば、コスパはお金に余裕がないから、お得に消費したいから追求されているわけだが、タイパは時間がないわけではないし、節約した時間を有効的に使うわけでもないのに追求されているのだ。

例えば、ジムに通ったり、能動的な趣味に使ったり、家事に回すなどといった目的があるわけではないのに、一般的に必要と思われる消費の過程すら省いてまでも、時間を節約

図5　「ファスト映画」を視聴したことがありますか?

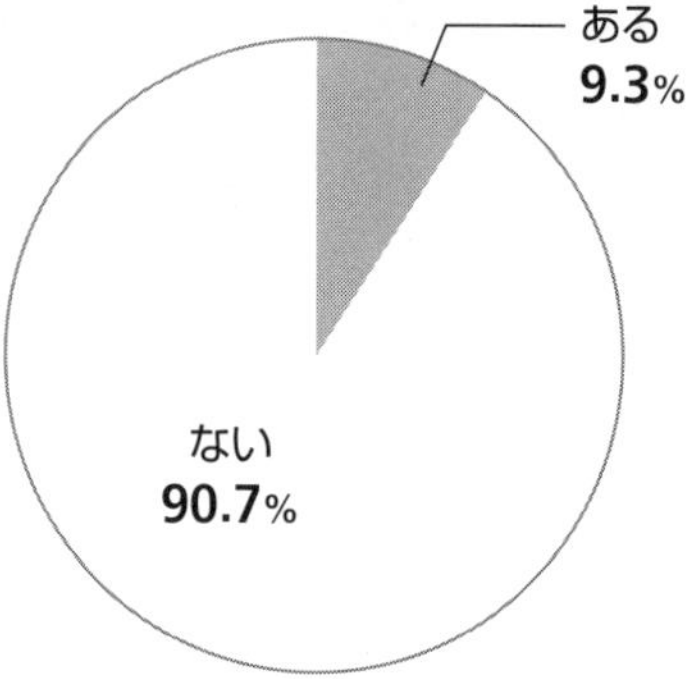

出典：日本トレンドリサーチ「WEB上の動画に関するアンケート」2021年
https://trend-research.jp/8733/

しようとすることは合理的といえるのだろうか。

　冒頭で述べた通り、タイパの概念が広く認知されるようになったきっかけは、若者を中心に行われていたファスト映画や倍速動画視聴文化が顕在化したことにある。ファスト映画は映画の映像を無断で使用し、字幕やナレーションをつけて10分程度にまとめてストーリーを明かす違法動画のことで、著作権法違反で２０２１年６月に初めて逮捕者が出ている。

　この若者の動画視聴方法の姿勢に関しては、前述の『映画を早送りで観る人たち』で深く論じられており、メディアでその問題が取り上げられるきっかけを生んだといえるだろう。日本トレンドリサーチの「ＷＥＢ上の動画に関するアンケート」（２０２１年）によれば、ファスト映画の視聴経験がある人は全体の９・３％であった（そのうち「違法と認識したうえで視聴した」割合は15・６％）。

もちろん、著作権法違反であると認識している視聴経験者が素直に「ある」とは回答しないだろうが、それでも「ある」の割合は大多数とはいえないだろう。

しかし、読者の皆さんも以下のような経験はないだろうか？

・ネット広告でたまたま目に入ってきたマンガの一部を読んで、課金したくないけど結末が気になるからネタバレサイトやレビューを探す
・ドラマや音楽番組を見逃したので、Twitterで検索して違法アップロードの切り抜き動画を視聴し、タイムライン上の話題についていこうとする
・映画視聴前にTwitterであえて他人の感想やネタバレ投稿を見てから、映画館へ足を運ぶ

これらの事例も、あえて内容を知るために著作権法を犯したり、あえて新鮮さを放棄し

てコンテンツの中身を知ろうとしており、ファスト映画と根底にある消費欲求は同じといえるだろう。

例えば、映画の楽しみは映像美、内容、役者の表情、音楽、間《ま》など、さまざまな要素が挙げられるだろうが、それらを全部無視して、要約されたコンテンツを消費するということは、端的に言えば初見の感動を放棄してまでもタイパを追求していることになる。

それは映画の楽しみそのものを放棄することになるわけで、内容を知ったうえで視聴したり、倍速で視聴したり、そもそも内容だけ知って観た気になるという消費行動そのものはまぎれもなく非合理的な行動といえるだろう。

でも、その非合理的なことが求められてしまっている。これは、コンテンツが鑑賞（芸術）対象から消費（消化）対象になっているからに他ならない。

＊１ 国税庁「令和３年分 民間給与実態統計調査」
https://www.nta.go.jp/publication/statistics/kokuzeicho/minkan2021/pdf/002.pdf

＊２「YouTube、〝史上最速〟で利用者１０００万人に到達」ニールセン、２００７年３月22日
https://www.netratings.co.jp/news_release/2007/03/Newsrelease20070322.html

＊3「生活者に選ばれるYouTube、商品購入に強い影響力——『ブランド・ジャパン』でも１０００ブランド中1位」Think with Google、２０２２年10月
https://www.thinkwithgoogle.com/intl/ja-jp/marketing-strategies/video/youtube-recap2022-2/

＊4 総務省「令和元年版 情報通信白書」
https://www.soumu.go.jp/johotsusintokei/whitepaper/ja/r01/html/nd114110.html

コラム　六本木でキャベツが売れなかった理由

先日、オフィスのデスクを整理しているとき、積み重なった書類のなかに興味深い新聞の切り抜きを発見した。キャベツ農家が六本木でキャベツの即売会を行い、試食による消費者の反応はよかったものの、あまり売れなかったという記事である。

いい製品ならばなぜ売れないのか。価格が高かったのか。人が集まらなかったのか。そういうわけではなく、その即売会は、お昼時に行われたこともあり盛況であったようだ。では何が問題だったのか。問題は「六本木」という場所にあった。

六本木は、六本木ヒルズや東京ミッドタウン、泉ガーデンなどの大型複合商業施設や高級マンション、駐日大使館などが集中する東京有数の繁華街である。一方で、約５万７０００人が働くビジネス街としての側面もある。この即売会はそこで働くビジネスパーソンを対象にしていたようだが、ターゲットとして彼らを選んだことが難しかったようだ。

いくらそのキャベツがおいしくても、彼らには購入するうえで３つの障壁があったと筆者は考える。

まず、そのキャベツをオフィスに持って帰る必要があるという点である。彼らは皆お昼休憩中に即売会をのぞいているため、購入したら終業時間までそのキャベツを保管しておかなければならない。洗練されたおしゃれなオフィスに同僚がキャベツを持って帰ってきたら、あなたはどう思うだろうか。

次にキャベツの販売状態である。もちろん店舗によるが、店頭に並ぶキャベツはある程度泥や虫がついていないきれいな状態であったり、ラップで包まれて販売されていることが普通である。だが、即売会の野菜は鮮度が命であるため、畑から収穫されたときの状態が保たれたまま販売されている。「泥つき野菜」や「産地直送」など物流過程で手が加えられていない野菜が好まれるのは確かだが、この即売会のターゲットはビジネスパーソンである。まだ午後の業務が残っているなかで、スーツが汚れてしまうリスクをとってまでキャベツを買うだろうか。

最後に輸送である。昼間に比べて夜間の人口が24％に減少することから考えても、ビジネスパーソンの多くが六本木以外から通勤していると考えられる。彼らが公共交通機関を利用して帰る際に、いくらおいしくても平均1kgあるキャベツを持って満員の電車に揺られることを望むだろうか。

このように、ビジネスパーソンが買いたくても買いづらかった状況がそこにはあった。

Product（製品）、Price（価格）、Place（チャネル）、Promotion（プロモーション）は4Pと呼ばれ、マーケティング戦略の基本とされている。

今回の焦点はそのなかの「チャネル」に当てられるだろう。チャネルは流通経路（販売経路）とも呼ばれ、製品の入手が困難ではないチャネルは、消費者にとって利便性があると考えられている。

即売会でも、キャベツ農家がスーパーに並ぶモノより新鮮なキャベツをオフィス街まで輸送しており、消費者はキャベツ農家まで足を運ぶというコストを払わなくても製品が手に入るという、一見利便性のあるチャネルに思われる。しかし当たり前のことながら、野菜は家で消費するモノであり、家までの流通コストを担うのは消費者なのである。

一般的なスーパーマーケットの商圏が徒歩では５００ｍ～１㎞といわれており、最寄品《もよりひん》（本来は最寄りの店舗で購入する日用品）である野菜を電車に揺られて運ぶのは、製品自体のコストパフォーマンス低下につながる。

この記事でキャベツ農家は「東京の人は冷たい」とコメントしていたが、これが六本木ではなく隣接する麻布十番ならば、オーガニック食料を取り扱うスーパーが並んでおり、キャベツ農家が望んでいたような結果が出たかもしれない。もしくは、家までの物流をキャベツ農家が担ってくれたら喜んでビジネスパーソンも買ったかもしれない。

このようなことは日常生活で決して珍しいことではない。入ってみたかったカレー屋が偶然空いていたのに商談の前だから泣く泣く諦めた、たまたまのぞいた服屋で気になる服を見つけたがゆっくり試着する時間がなかったからやめた、コンビニのレジが混んでいたからホットスナックを買うのをやめたなど、消費者は消費したいと思っても、消費するタイミングや、家に持ち帰るまでにどのくらい時間がかかるのか、持って運べる大きさなのか、持ったまま他の用事を済ませることができるのか、といった流通コストを天秤にかけ、自身への負担がメリットを上回るとき「購買しない」という意思決定をするものだ。

　そして、人によっては購買に至らなかったときに、イソップ寓話の「酸っぱい葡《ぶ》萄《どう》」のように、どうせたいしておいしくない、そんなにかわいくないといったように、買えなかった（消費しなかった）ことに対して言い訳を考え、消費できなかった自分自身を正当化しようとする。

　マーケティング戦略において「チャネル」は、いかにして消費者の近くまで商品を運び、買いに行く手間を省くかが利便性につながる。しかし、売買によって所有権が店から消費者に移ったとしても、消費者にとっては家に着くまで買い物という行動は終わってはおらず、いわば「家に帰るまでが買い物」なのである。

　そのため販売者は、提供までの流通コスト（文字通り、流通にかかった費用）だけではなく、そこから家に持って帰るという、消費者が物理的に担う流通の手間や心理的負担を考慮する必要があるのだ。

第2章　「消費」されるコンテンツ

動画サブスクの圧倒的コンテンツ量

Z世代の若者を中心に、タイパを重視する消費が行われるようになった背景をより詳しく見ていこう。まずは彼らを取り巻く周囲の状況について、いくつかの視点から論じていきたい。

まずは圧倒的なコンテンツ量である。これは日常生活を通して、読者の皆さんも感じているのではないだろうか。

動画サブスクリプションサービスではとんでもない本数の動画が配信されており、その数は日々増加している。筆者はNetflixとDisney+、TELASAに加入しているので、重複している作品もあるだろうが、概算でも1万本以上の動画を常に観れる環境に身を置いている。筆者に限らず複数のサブスクに加入している読者もいるだろうが、すべての動画を観るなんて無理ですよね!?

インプレス総合研究所「動画配信ビジネス調査報告書２０２３」によれば、31・７%が３か月以内に有料の動画配信サービスを利用したことがあると回答している。

２０１６年の同調査では９・２%という利用率であったため、７年間で３・４倍も増加

図1　有料動画配信サービスの利用率の推移

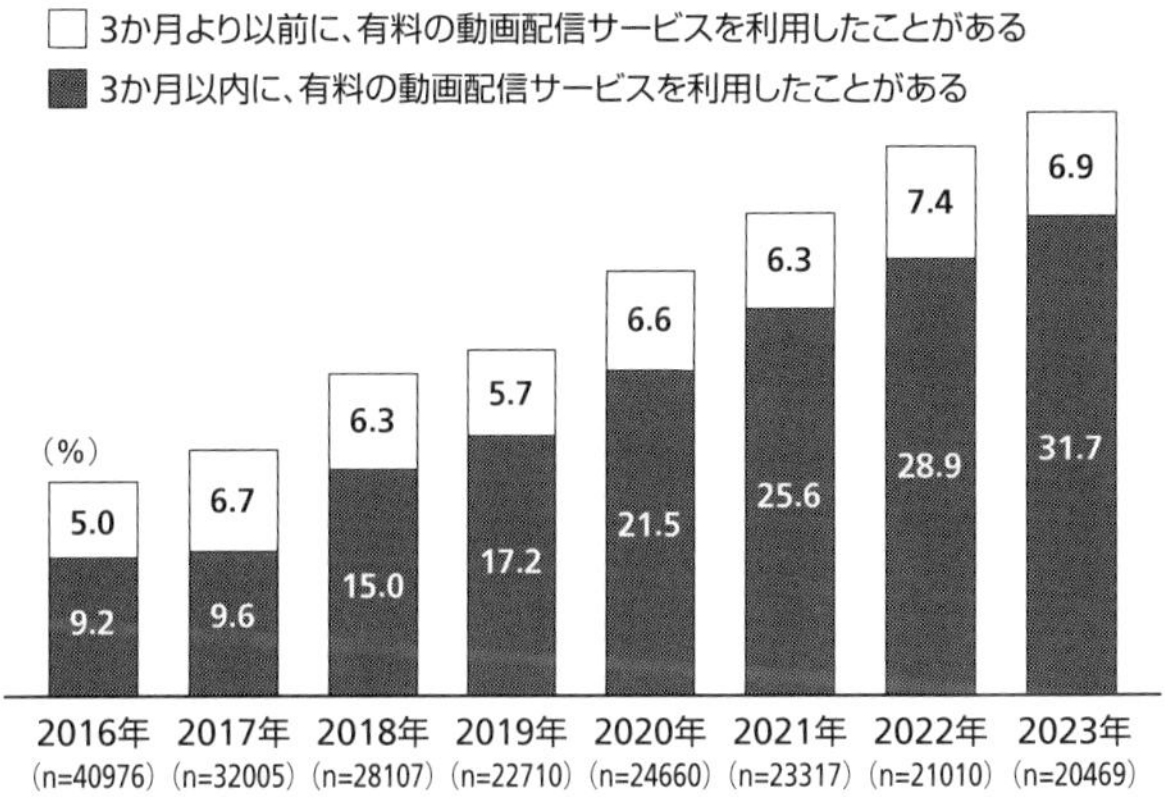

出典：インプレス総合研究所「動画配信ビジネス調査報告書2023」

していることになる。また、ＭＭＤ研究所「動画視聴に関する利用実態調査」の動画配信サービスの視聴時間を見ると、10代、20代のおおむね７割が動画配信サービスを利用していることがわかる。若年層で日常生活において動画のサブスクがより定着しているといえるだろう。

　また、TVerの台頭も著しい。TVerは在京民放キー局５社と、在阪民放５社、広告代理店４社が共同出資した、広告つきの完全無料の民放公式テレビ配信サービスである。

　インプレス総合研究所「動画配信ビジネス調査報告書２０１６」[*1]では、２０１５年10月にサービスを開始した当時のTVerの

図2　動画配信サービスの視聴時間（年代別）

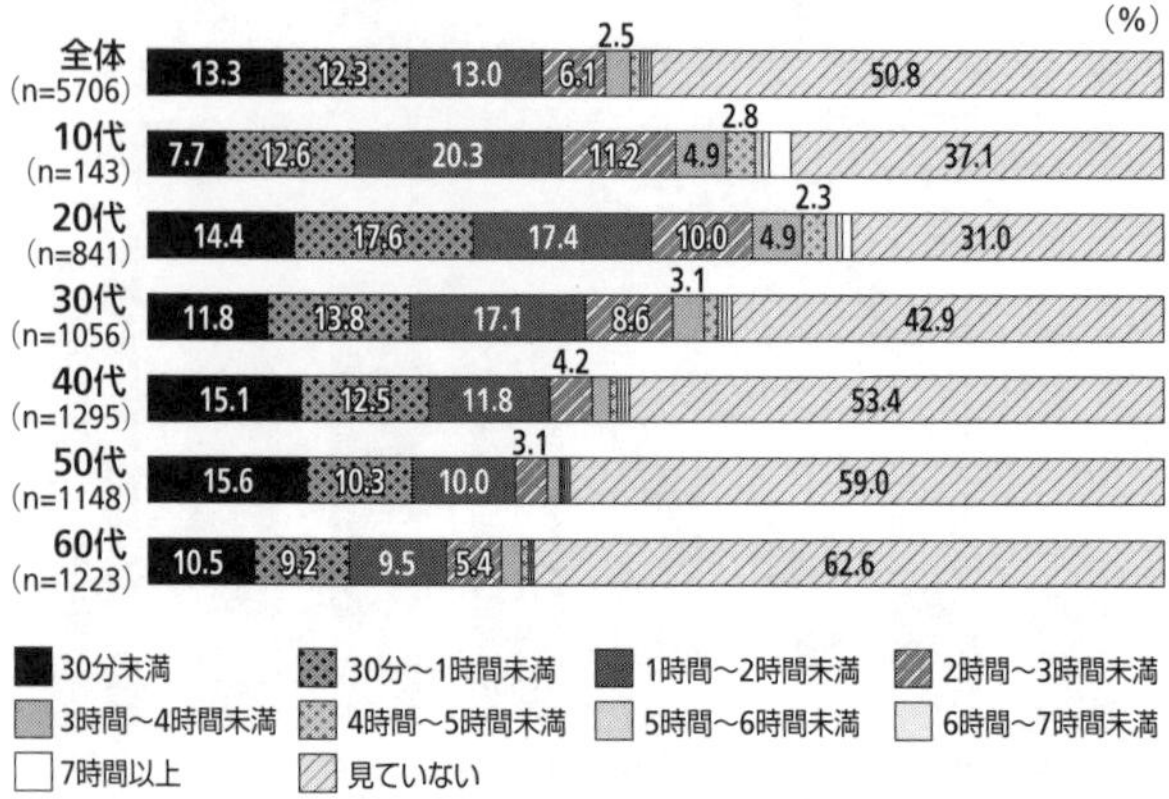

出典：MMD研究所「動画視聴に関する利用実態調査」2021年
https://mmdlabo.jp/investigation/detail_1993.html

図3　TVerの認知率・利用率

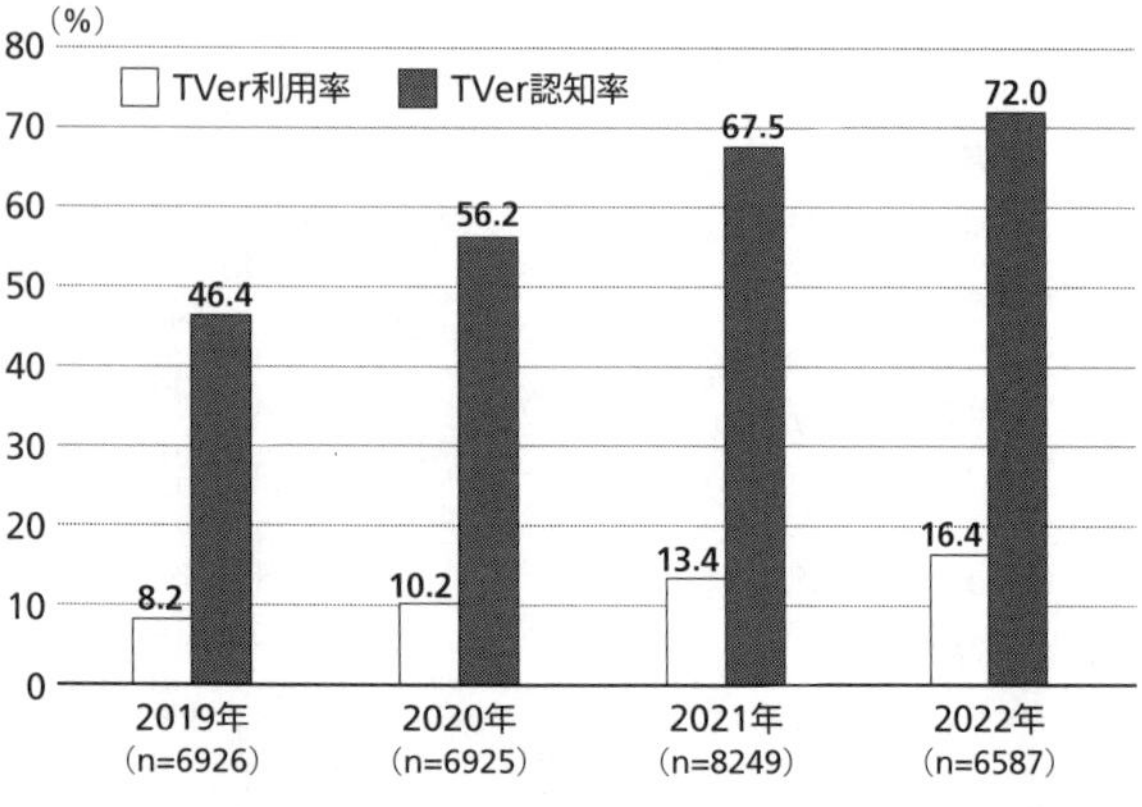

出典：NTTドコモ モバイル社会研究所「2022年一般向けモバイル動向調査」
https://www.moba-ken.jp/project/service/20221205.html

利用率を調査しているが、２０１６年４月時点では６・８％に留まっている。しかし、ＮＴＴドコモ モバイル社会研究所「２０２２年一般向けモバイル動向調査」を見ると、２０１９年では８・２％、２０２０年では10・２％、２０２１年では13・４％、２０２２年では16・４％と着実にその利用率は増加している。

また、他のサービスの利用率と比較しても、ニコニコ動画は７・１％、ＡＢＥＭＡは８・７％とTVerのほうが高いことがわかっている。YouTubeもそうだし、有料サブスクもそうだし、TVerもそうだし、とにかく私たちの周りには「動画」が溢れているのである。

タイパを追求しやすく進化したプラットフォーム

動画配信サービスのプラットフォーム自体も、タイパを追求できる機能を擁している。YouTubeやNetflixをはじめとしたサブスクリプションサービスには倍速視聴機能がついており、プラットフォーム側が視聴者に倍速で視聴することを容認している。「時間がないあなたのために倍速視聴をどうぞ」といった感じで倍速視聴を助長させるＣＭを放送しているサービスも存在する。

図4　動画コンテンツの倍速視聴経験

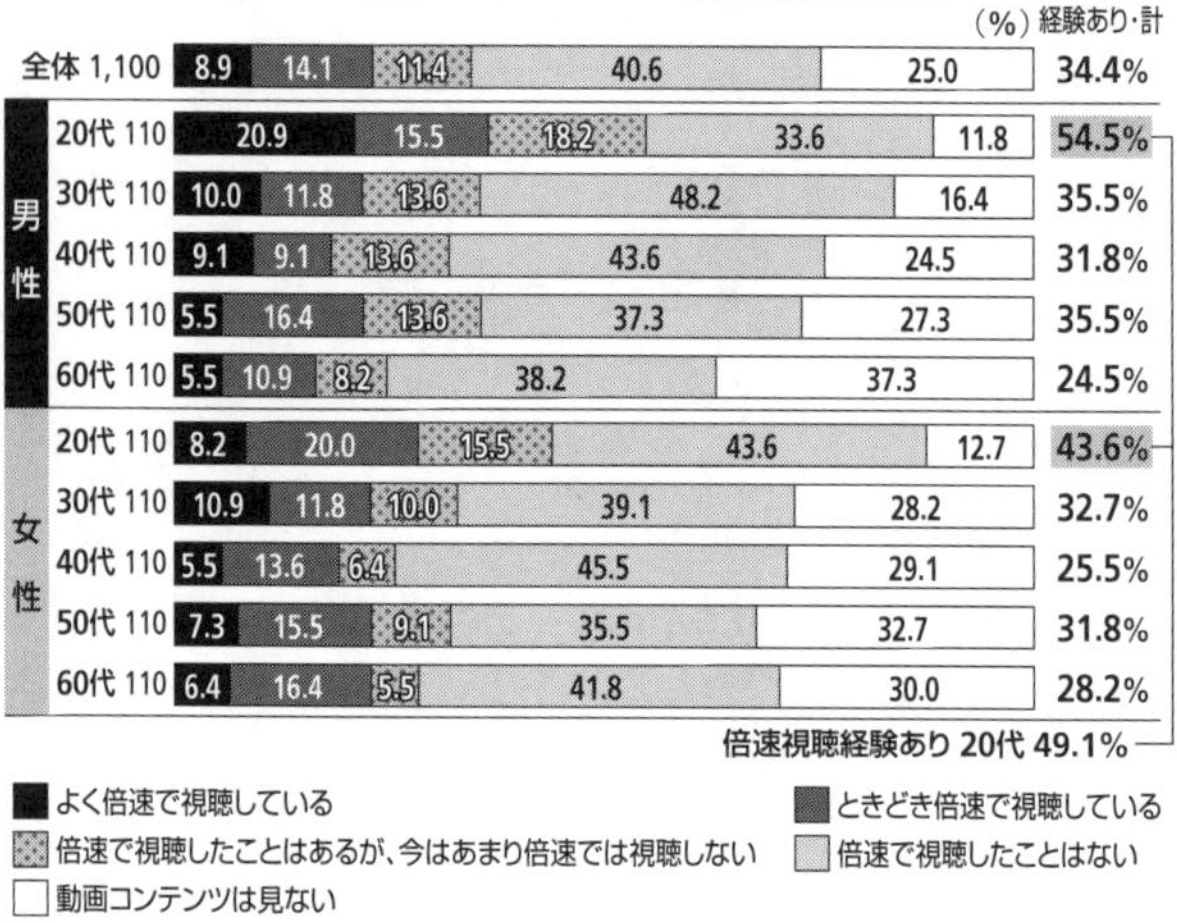

出典：クロス・マーケティング「動画の倍速視聴に関する調査（2021年）」
https://www.cross-m.co.jp/report/life/20210310baisoku/

クロス・マーケティング「動画の倍速視聴に関する調査（２０２１年）」によれば、全体の34・4%が動画の倍速視聴経験があると回答している。なかでも20代は49・1%とほぼ半数に倍速視聴経験があった。

また、YouTubeに限って言えば、動画投稿主がチャプター機能を利用すれば、視聴者は動画の流れをチャプターで事前に把握することができるし、動画のコメント欄や概要欄にある再生時間指定（「3:05ここおもしろすぎww」みたいな感じのコメント）へのジャンプ機能を使えば、その動画のハイライトまで簡単に飛ぶことができる。

図5　定額制音楽配信サービス利用者数 需要予測

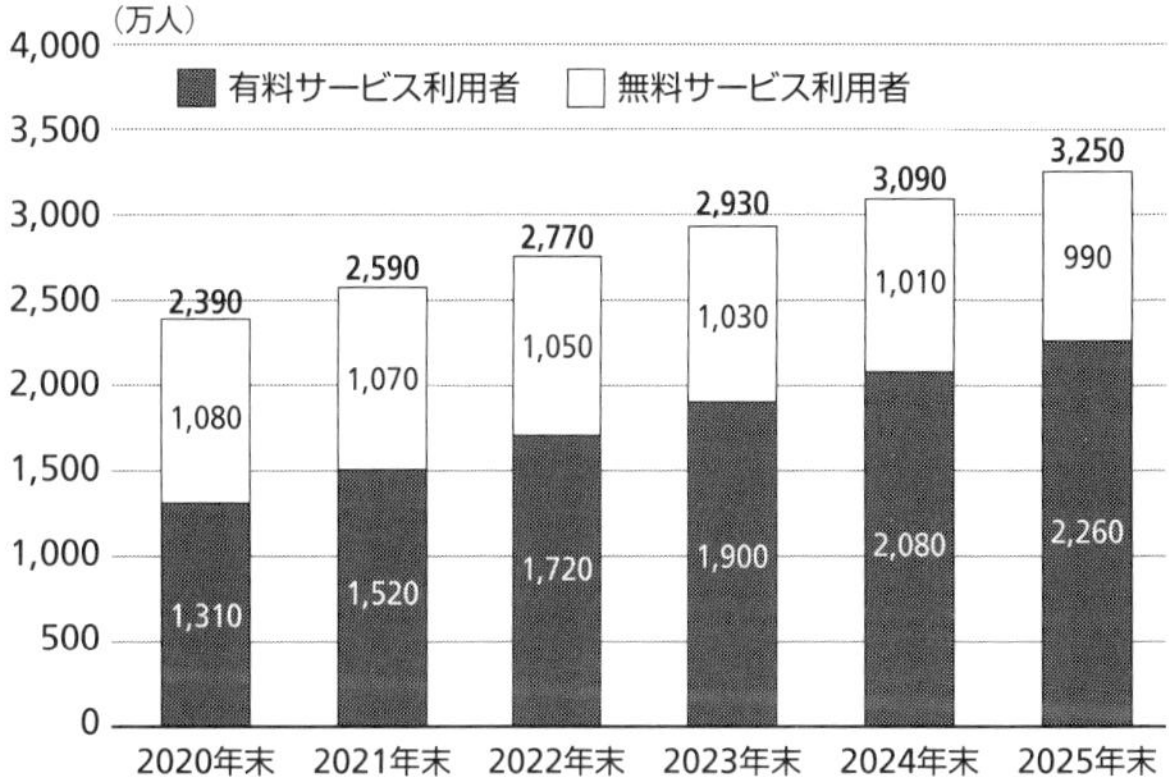

出典：ICT総研「2022年 定額制音楽配信サービス利用動向に関する調査」
https://ictr.co.jp/report/20221111.html/

長尺の動画やサムネイルの内容を確認するために、コメント欄を開いてハイライト部分を探してそこへジャンプする、といった観かたをしている読者も多いのではないだろうか。

また、ハイライト抽出機能を利用すれば、動画全体を通してどの部分がよく観られているのか一目でわかる。スクロール機能も効率よく観たいところを観るための機能といえるだろう。どの部分を観れば効率的に動画を消費できるのか、プラットフォームの機能を活用することでわかるということも、動画の消費効率を高めているといえるだろう。

また、サブスクは動画に限らず音楽市場にも定着している。ＩＣＴ総研「２０２２年定額制音楽配信サービス利用動向に関する調査」によれば、定額制音楽配信サービスの有料サービス利用率は24・２％、無料サービス利用率は22％であった。利用者数も２０２５年末には有料・無料ユーザー合わせて３２５０万人に上ると推測されている。

イントロは飛ばしてサビだけ聴く

ここで話は少しそれるが、若者の間でイントロはおろか、Ａメロ、Ｂメロも飛ばしてサビだけを楽しむ者が増えていることをご存じだろうか。

米オハイオ州立大学の大学院生であるユベール・レヴェイエ・ゴヴァンが、１９８６年から２０１５年までのビルボードチャートのトップ10に入った曲について、年代ごとの曲の構成や要素、タイトルなどの変化を分析したところ、１９８０年代はイントロが平均で約20秒だったのが、現在は約５秒にまで短くなっていることがわかった。

この背景にはサブスクの急速な普及があるといわれている。音楽メタデータ会社「Echo Nest」のデータサイエンティストであるポール・ラメールは、２０１４年に自身のブログで世界中の数百万Spotifyユーザーの数十億再生を分析し、スキップ率のみを抽出した

図6　年代別の曲のスキップ率

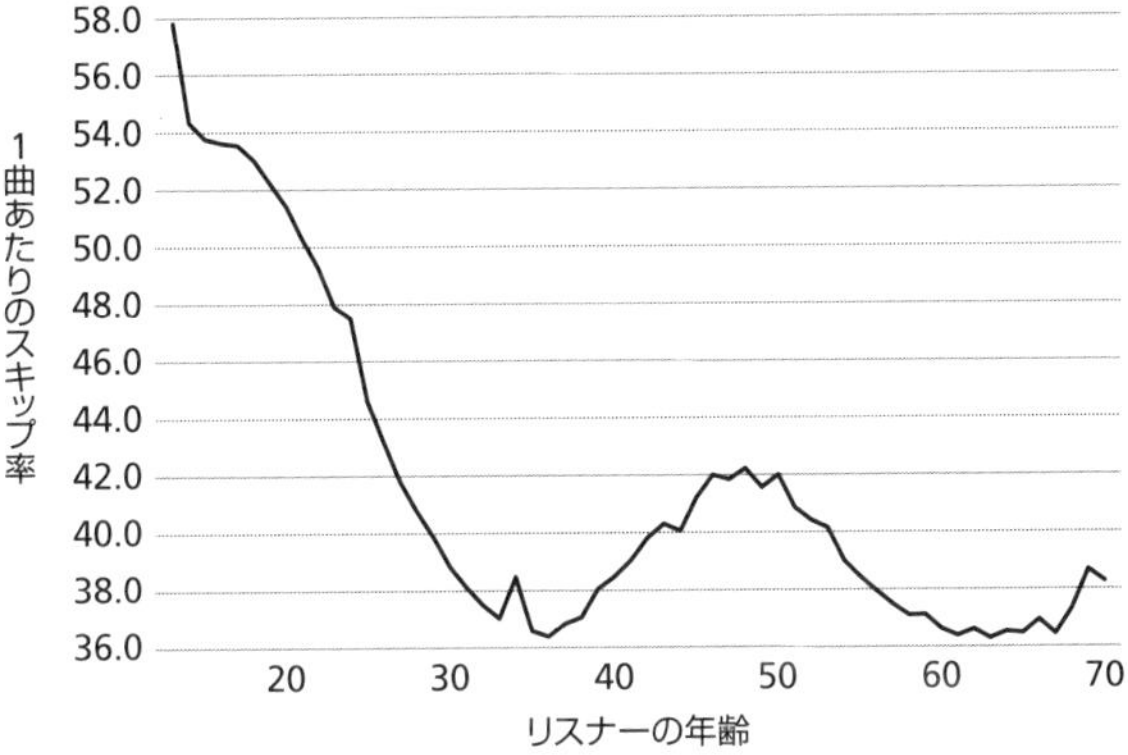

出典：The Skip | Music Machinery
https://musicmachinery.com/2014/05/02/the-skip/

データを公開している。[*2]

　ストリーミングでは一般的に30秒以上再生されないと「1再生」としてカウントされず、収益にならないといわれているが、ラメールによれば視聴者が曲を冒頭から聴いた場合、5秒以内で24・14%、10秒以内で28・97%、30秒以内で35・05%、曲をスキップしていた。

　一般的なSpotifyユーザーが1時間で曲をスキップする平均回数は「14・65回」であり、4分に1回スキップする計算となる。また、スキップ率を見ると10〜20代が最も高く58%である一方、30代半ばになるにつれて減少していくが、40代後半から50代前半になると再び上昇する。

この理由についてラメールは、スキップ率はその人の自由時間の長さを表しており、10代の若者はストリーミング中の音楽選択に割ける時間が多いのでスキップ率が高いが、年齢が上昇するにつれて子育てや仕事のなかでストリーミングを利用しているユーザーが多く、音楽プレーヤーに気を配る暇がないと分析している。

あわせてSpotifyのアナリストであるクリス・タイナンは、40代後半のスキップ率が再上昇する背景に、子どもたちが親のアカウントを利用しているため、親が好んで聴いている曲をスキップしている可能性があるとも分析した。

ストリーミングサービスにおいてしっかり再生してもらうためには、再生後すぐに〝つかみ〟がなければ即スキップされてしまうため、イントロを短くしたり、いきなりサビから始めるなど、ニーズをつかむ必要があるのだ。

また、TikTokやYouTubeのショート動画のBGMはサビのループが基本で、キャッチーなメロディーが耳に残りやすく、TikTok発でヒットする楽曲も多い。他にもボカコレ（旧NicoBox）はニコニコ動画を音声のみでバックグラウンド再生できる音楽プレーヤーアプリだが、「サビメドレー」という機能を使えば、ランキングの動画や好みのプレイリストのサビだけを再生できる。若者のなかには効率よくハイライト（おいしい部分）

を消費したいと考える者が多いのである。

動画はとにかく「短く」

音楽を聴く際にサビだけを楽しむ若者が多いと述べたが、動画でも「10分観ているのがキツい」と考える若者も増えている。これは6秒前後の動画投稿ができるVine（２０１６年サービス終了）や15秒の動画を投稿できるTikTok（最近では長尺動画も投稿できるようになった）をはじめとしたショート形式の動画共有サービスがＳＮＳの主流になったことが大きな要因である。

TikTokが若者のＳＮＳの中心になったことで、YouTubeもTikTokを意識したショート動画が投稿されるようになった。YouTuberがTikTokの動画を使ってYouTubeへ誘導しようとしたり、TikTokの動画がYouTubeやInstagram、ＬＩＮＥ、Facebookなど他のプラットフォームに流用されるなど、とにかくTikTokの影響を強く受けている。

その結果、15秒のなかで起承転結がついていたり、技巧を凝らさないインスタントな娯楽でも満足できるという消費文化もあわせて定着してしまったといえる。クオリティの高い長い動画を1本観ることよりも、短い動画を何本も観たという事実（消費したという事実）のほうが満足度が高いと考える消費者が増えたともいえるのかもしれない。

　余談だが、この傾向は映画の視聴態度にも現れ始めている。エンターテインメント業界に向けたデータ・デジタルマーケティングサービスを提供するGEM Partnersの「観たい映画であっても映画館での鑑賞をためらう上映時間の長さ」に関する調査によると、「観たい映画の上映時間の長さによって映画館での鑑賞をためらうことがあるか」との問いに、74％の人が「ある」と答えている。

　２０１８年以降、上映時間１４０分以上の映画が増加傾向にある。これにはストーリーが壮大になり、徐々に市場全体が長尺化していったことや、『タイタニック』『アバター』『アベンジャーズ』といった長尺作品のメガヒットにより、そのくらいの長さでも消費者は観てくれるという風潮が作られたことなどが影響していると思われる。

　ところが、約４人に３人が上映時間の長さによっては映画館での鑑賞をためらうというのだ。上映時間１２０分（２時間）以上で21％、１４０分（２時間20分）以上で33％、１６０分（２時間40分）以上で45％、１８０分（３時間）以上で63％がためらうと回答している。

　上映時間の長さがネックとなって視聴をためらってしまうのは、映画好きからするともったいないと感じなくもないが、たしかに上映時間を見てギョッとして、気合いを入れてから映画館に行くことが増えたのも事実である。

また、２０２１年ごろにはTVerに「シーンシェア」という機能がつき、ユーザーがＳＮＳなどでシェアしたいと感じた場面で一時停止してシェアボタンを押すとＵＲＬが生成され、そのＵＲＬをクリックした他のユーザーはTVerでその部分をすぐに観ることができるようになった。わざわざ番組全体を観なくても、またＳＮＳで話題になっているシーンを観るためにわざわざ番組をスクロールやスキップしながら観なくても、他のユーザーがおもしろいと感じたハイライトの部分だけをおいしく消費することができるのである。

まあ、そもそもそのようなシーンシェアに頼らずとも、ＳＮＳにはテレビや映画のハイライトが切り抜かれて違法にアップロードされているわけで、合法かどうかは別として、消費者は簡単に、手間をかけずに動画のおいしいところを消費できるのである。

このように、長時間の動画や、動画全体ではなく、その動画の一番おいしい部分だけ消化するような視聴方法により、起承転結の「転」や「結」だけで満足できてしまう者も増えている。だからこそ、ＳＮＳ上で話題の番組のあらすじを見たり、ネタバレ動画で動画の流れを知った後にハイライトの部分を観て、動画を消化した気になれてしまうのである。

大学生の生活費は30年で4分の1に

第1章でコスパが追求されるようになった要因は不景気にあるとし、「失われた30年」を中心に、日本の経済の停滞がコスパという概念が普及した要因であると論じた。

一方、若者を中心にタイパが追求されるようになったコンテンツ視聴方法においても、不景気が大きく関係している。

東京地区私立大学教職員組合連合（東京私大教連）が、1都3県（東京、埼玉、千葉、栃木）の11の私立大学・短期大学に2022年度に入学した新入生の保護者を対象に行った「私立大学新入生の家計負担調査　2022年度」によれば、月平均仕送り額から家賃を除いた生活費は2万1300円であった。ちなみに過去最高は1990年度の7万3800円で、この30年間で大学生が親からもらえる生活費は4分の1近くに減少した。

また、JSコーポレーションが高校生を対象に行った「お小遣い額　お小遣いの使い道（2023年調査）」によれば、毎月もらうお小遣いの額は約半数が5000円以下であることがわかっている。

物価の高騰や交際費の上昇を考慮に入れると、大学生も高校生も満足のいく消費体験を求めるのならば、もらっているお小遣いだけでは十分とはいえないだろう。

図7　「6月以降の仕送り額(月平均)」から「家賃」を除いた生活費の推移

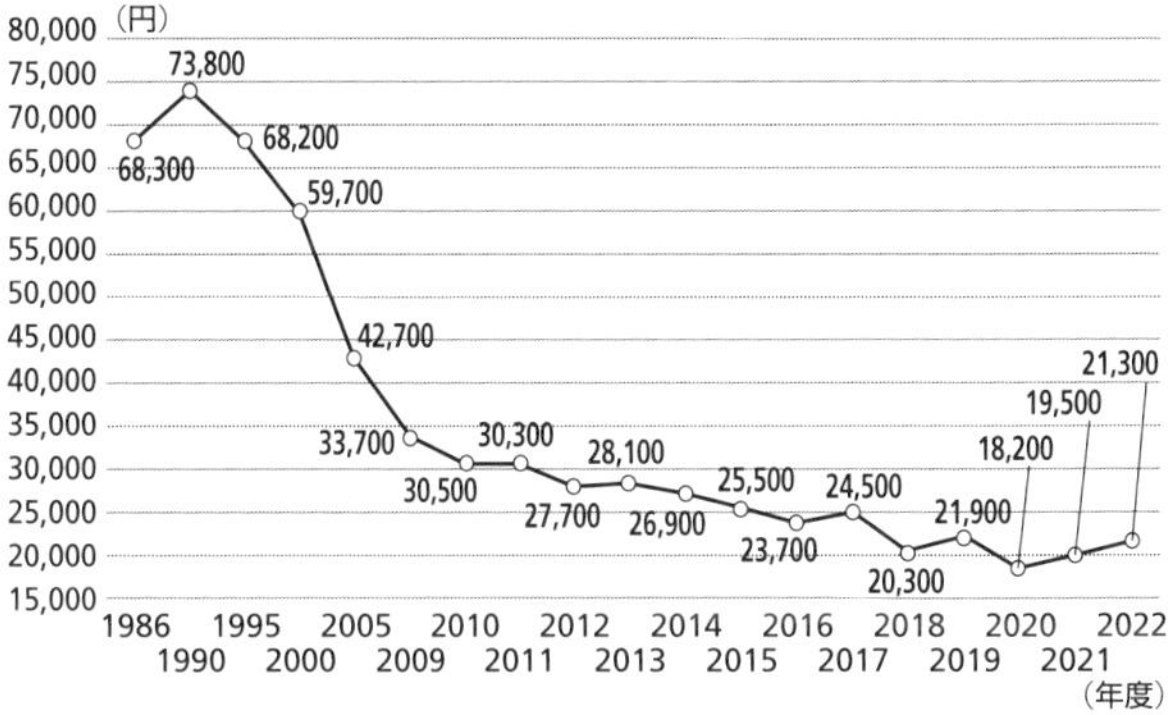

出典：東京私大教連「私立大学新入生の家計負担調査 2022年度」
http://tfpu.or.jp/wp-content/uploads/2023/04/20230405kakeihutanntyousa.pdf

不景気により若者の消費志向も変化している。昭和後期や平成初期には高度経済成長やバブルの名残りもあり、「いい大学に入り、いい企業に就職する」「結婚して盛大に結婚式を開く」といった誰もが描きやすい画一化された幸せが存在していた。親の敷いたレールがまさにこれで、世間様と比較したときに、型にはまった生活ができているということ自体が幸せととらえられていたのかもしれない。

「好きなことで、生きていく」が肯定された

人生のビジョンに限らず、バブル期は高級ブランド品やゴルフやスノボーといった

レジャーが積極的に消費され、上司から勧められたモノを素直に聞き入れて消費していた読者もいるのではないだろうか。

ある意味で、当時の上司は画一化された幸せを送っている身近な例であり、幸せを体現する彼らそのものが、ならって消費を行う理由になっていたのである。しかし、Ｚ世代のなかにはこのような価値観が必ずしも幸せにつながるとは考えない層も存在する。

バブル時代の羽振りのよさは陰りを見せ、目先の幸せだけを考慮した場合、大手企業も中小企業も若い間の給与に大きな差はなく、大手企業に入社するメリットは見出しにくくなった。大企業のなかには就労環境が劣悪な企業もあり、昔の企業戦士のように仕事や企業ブランドに誇りを持って身を粉にして働くことに対しても価値観は大きく変化した。

YouTubeやＳＮＳの普及は、若者に個人事業主や転職の成功例を提示し、終身雇用制度に対して疑問を持つきっかけを与えた。２０１１年にはYouTubeのＨＩＫＡＫＩＮがデビューし、当時は楽観的すぎるといわれた「好きなことで、生きていく」という信念は、今や多くのYouTuberやインフルエンサーの成功により肯定された。就職して、結婚し、家庭を持つという画一化された幸せ以外の、個人が個人の幸せ（やりたいこと）を追求するという価値観も広く浸透している。

また、好景気のときはたしかに羽振りのいい上司を見て、自分もこの人のようになりたい、このまま続けていればこの人ぐらい稼げるようになる、といったように、目の前にニンジンがぶら下げられた状態が働くうえでのモチベーションとなっていたのかもしれない。しかし、この不景気にそこまでの魅力を部下に見せつけることができる上司が減っているということも、仕事に対するモチベーションが昔と違う大きな要因なのかもしれない。

成功や達成が画一化され、イメージが描けていた時代は、なりたい姿（あるべき姿）になるために、今の自分から逆算し、その道筋（理想の自分になるためのプロセス、手段、資格など）をたどることができたが、不確実な時代にあるべき姿は描きにくい。

２０１０年代に入ると、ＶＵＣＡ（変動性、不確実性、複雑性、曖昧性）の時代といわれ、未来を見通すにはあまりにも先行きが不透明になってくる。「あるべき姿」も消滅していき、それぞれが幸せならばいい、それぞれの価値が尊重されればいいという、画一化と相反する多様性が現れるようになったともいえるだろう。

「若者の○○離れ」の真実

このような幸福観の変化は、消費に対する価値観をも変化させる。

モノを所有することがステータスかのようにマスメディアの広告は消費を喚起させ、必要ではないが生活を豊かにする（生活が豊かであるように見せつける）ことができるモノを人々がこぞって消費していた時代があったのも確かである。

しかし、このような消費の根底には「画一化された幸せ」があり、消費によって描けた幸せのビジョンやモノやレジャーに溢れていること自体が幸せだったから成立していた価値観であったともいえる。しかし、お世辞にも景気がいいとはいえない情勢や、そもそも画一化された幸せを魅力的であると思わないZ世代も多く、自分が必要としないモノに対して消費を行う際に理由や根拠を必要としているように思われる。

「ゴルフやれよ」「いい時計つけろよ」と、ある種ステータスを構築する消費を勧められても、「なんで（生活も苦しいし、欲しいモノも買えないのに、見栄を張って）欲しくもないモノを買わなくちゃいけないんだ？」という疑問が生まれてもなんらおかしくはない。

若者の消費に対する消極的な意識が「○○離れ」という形で揶揄《やゆ》されることもあるが、極論、どれもタダでもらえるのならば拒む人などいないのではないだろうか。だとしたら、そのモノやサービスが拒まれているわけではなく、自分自身の生活や収入などを考慮したうえで「必要ない」「購入することができない」と判断し、消費行動に移されていないだけにすぎない。

お金がないから画一化された幸せに手が届かず、手が届かないからそれを幸せとは認めないという見方ができるかもしれないし、画一化された幸せに手が届かないから違う形で幸せを見出しているという見方もできるかもしれない。どちらにせよ、自分たちが生きていくうえで、その不必要な消費によって生活が困窮するくらいなら消費しない、という価値観が生まれることは当たり前といえば当たり前だ。

一方で若者、とりわけZ世代の市場環境は、それ以前の世代と比較すると、前述した通り、ネットの普及やなによりSNSがインフラ化したことで、得られる情報量が圧倒的に増加し、それに伴って消費したいと思うモノやコトと接触する機会も増えた。

今まで知らなかったことに興味を持ったり、潜在的な欲求を満たしてくれる商品やサービスに遭遇する機会も増え、自由に使えるお金は昔より減っているのに、欲しいと思うモノばかり増えていく時代なのである。

また、消費した結果をSNSに投稿し、他のユーザーからの反応を得ることを目的とした消費文化が定着していることも否定できない。どんな些細な消費結果でもSNSに投稿されるようになり、SNSには他人の消費結果が溢れている。

そのような他人の投稿（消費結果）は、消費に対する疑似体験としての側面を持っている。だからこそ、そのような投稿を見て消費欲求が駆り立てられたとしても、投稿とともにタグづけられているハッシュタグを見れば同じような消費結果で溢れており、わざわざ自分で消費（購買）する必要があるか、モノを所有する必要があるか、と検討する過程もＺ世代の消費行動の一環となっている。

ＳＮＳに溢れているということは再現性が高く、言い換えれば誰がやっても同じような結果しか出ないのである。さまざまな消費の疑似体験がＳＮＳに溢れていて、その現象、その商品、そのエンタメなど一つ一つの消費結果はおもしろそうに見えるからこそ、「わざわざ」自分が消費する必要があるのか探究し、他人の投稿結果の閲覧で満足できてしまえば、消費行動に「わざわざ」移す必要がないのである。

ある意味で他人の行動を検討しているからこそ、自らの消費行動を顧みて消費の必要性を判断しているといえるかもしれない。ましてやネットのブームのサイクルは速く、皆がこぞって消費しているときに真似しても投稿に対する反応は薄くなり、ブームが過ぎたころにやれば今さら感が生まれてしまう。もちろんＳＮＳに投稿しなければいいだけの話なのだが、投稿しないと（可視化されないと）その消費はないものと同じという、他人を意識して消費がされるという文化が深く根付いているのである。

所有しなくてもサブスク、シェア、メルカリで十分

このような背景から、お金に余裕がないが、時間と情報はたくさんあるからと、お金をかけずに娯楽を楽しみたいと考える若者も多い。そのなかでも、「フリーミアム」のように「基本的サービスや商品を無料で提供するフリー」と「より高度なサービスや商品を有料で提供するプレミアム」をあわせて収益を確保するビジネスモデルにニーズが高まったり、わざわざモノを購入せずにサブスクで目的を達成するという価値観を持つZ世代も増えている。

アメリカの経済学者セオドア・レビットが著書で、「ドリルを買いにきた人が欲しいのはドリルではなく『穴』である」と記している。高度経済成長期やバブル期のような、モノを購入すること自体から得られる幸福感、モノに溢れた生活を送ることによる幸福感よりも、モノを使用することで得られる効用そのものに重きを置いているともいえるだろう。

フリーミアムに関して言えば、スマホゲームやYouTube、マンガサイト、TVerなどはお金をかけなくても楽しむことができる。フリーミアムによってさまざまなコンテンツが

消費できる環境があるからこそ、漫画村をはじめとした違法マンガアップロードサイトの利用やファスト映画視聴、SNSへの動画の無断アップロードや画像の転載など、すべてのコンテンツが無料で消費できると誤認している、もしくはその境界線がはっきりしていないなど、著作権のリテラシーが低い者も見受けられる。

彼らからすれば、タダで観れる、タダで使えるという点においてどちらも同じだからである（動画のサブスクなどにおいても、親のアカウントを利用している者も多く、彼らにとっては実質無料なわけで……）。タダで済むモノならば、必要でないモノにわざわざお金を払う必要がないという価値観が成立しているともいえる。

サブスク市場においては、動画配信に限らず、車や焼肉、切り花までさまざまな商品やサービスが定期購入できるようになり、消費者にとっては所有しなくてもモノや権利を保有できる時代となった。あわせてメルカリなどのフリマアプリの普及により、セカンドハンドでもいいという考え方や、そもそも所有する必要があるのかという考えを持つ者もいる。フリーミアムによって成立した価値観と同様に、わざわざ自分が消費する必要があるのかという点を考慮しており、消費に失敗したくないという考えが背景にあるともいえるだろう。

スキマ時間がなくなった

さて、ここまでZ世代が消費に対して消極的な理由を、①必要でないモノをわざわざ消費したくない、②情報が増えたことで消費したいことも増えている、という側面から論じた。このような背景から、お金をかけずとも楽しめる、YouTubeやTVerをはじめとした無料動画配信サービスや、定額で見放題のNetflixをはじめとした有料サブスクリプション、広告を見るだけで楽しめるスマホゲームやマンガアプリなど、コンテンツを消費することで余暇時間を使うことがコスパがいいと考える消費者が増えたわけである。

なにより、コスパどうこうすら今や無意識に判断しており、タダなら観てみよう、タダだからプレイしてみようと、スーパーの試食のように深く考えずに瞬発力をもって消費が行われている。お金をかけずに消費できるからこそ、消費しようと思うモノで溢れていくため、一つ一つのコンテンツが鑑賞ではなく消化目的になっているのである。

昔はメディアに触れるには条件や制約があった。例えばテレビ一つとっても、テレビの電源をつけるという能動的な行動をとらなくてはならなかった。テレビがある部屋でないと情報が入ってこないため、場所的制約もあったといえるだろう。

インターネットも、接続するためにまずパソコンを起動しなくてはならなかった。電車で雑誌や新聞を読むにも、それを電車に持ち込まなくてはならなかった。このように、以前は能動的な行動や場所の制約があったため、情報を取得できない時間のほうが多い消費者が大半だったのではないだろうか。

一方、現在の自身のメディアとの接触ポイントを思い浮かべてみてほしい。

朝起きて、朝食を食べながらスマホを見て、通勤中の電車内でスマホを開き、昼休みや就業中にスマホを開き、退社してから夕食までの時間にスマホを開き、夕食後から寝るまでの間もスマホを開き続けることができる。

現代は、やろうと思えば一日中スマホから情報を得ることができる。場所の制約すらなくなったため、トイレでもお風呂でも情報を得られる。スマホを手に持ちさえすれば、常に情報の波がそこに存在するわけだ。

少しのスキマ時間も動画視聴やSNSで埋めることができるため、そのスキマ内で完結できる動画を好むようになる。するとますます短い動画に需要が生まれたり、コンテンツを手短に消費しようとするのである。「インスタントに娯楽への欲求を満たすコンテンツの消費文化」がそこにはあると筆者は考える。

ここまでのまとめ①

●サブスクをはじめとした動画視聴プラットフォームが乱立し、膨大な動画が溢れる⇓精査して動画を観るより、「元をとりたい」「配信が終わるまでに観たい」「話題作だから観なきゃ」とノルマのようにこなす意識が生まれた

●動画視聴プラットフォームもタイパを追求しやすいサービスを提供する⇓タイパを意識している層はもちろん、意識していなかった層にも倍速視聴などの習慣を植えつけた

●動画はとにかく短く、音楽はすぐにサビを⇓一つのコンテンツにかける時間が短くなる⇓技巧を凝らしていないインスタントなコンテンツでも、おもしろければバズってしまう消費文化が根づいた

●お金に余裕がない×時間はたくさんある×情報はたくさんある⇓お金をかけずに娯楽を得るために受動的な行動（コンテンツ消費）に時間を費やし、消費しようと思うモノで

溢れていく⇒一つ一つのコンテンツが鑑賞ではなく消化目的になった

●少しのスキマも動画視聴やSNSで埋めたい⇒そのスキマ内で完結する動画を好むため、ますます短い動画に需要が生まれた⇒スキマ時間がなくなる

＊1「有料の動画配信サービス利用率は９・２％、利用経験者は14・２％に　～動画配信サービスに関する調査結果２０１６～」インプレス総合研究所、２０１６年6月1日
https://research.impress.co.jp/topics/list/video/453

＊2 The Skip | Music Machinery
https://musicmachinery.com/2014/05/02/the-skip/

第3章 Z世代の「欲望」を読み解く

「４割以上」が事前にネタバレを踏む

コンテンツの供給過多は、とくにZ世代の間で「消化できる時間は有限だから、その時間を無駄にしてまで、消費したコンテンツから不快感やつまらないという感情を生みたくない」、ある意味で消費を失敗したくないという価値観を生むことになる。

コンテンツの消費を失敗したくない、時間を無駄にしたくないと思うからこそ、スーパーの試食のようにあらすじやハイライトだけを観て消費した気分になったり、ビュッフェのように好きな音楽のサビだけ、好きな動画のおいしい部分だけを消費するような仕方が好まれるのだ。

SHIBUYA109 lab.「Z世代の映像コンテンツの楽しみ方に関する意識調査」によると、Z世代の９割がコスパを、８割以上がタイパを意識しているという。なかでもタイパに関して、「Z世代の映像コンテンツ視聴姿勢」の項目を見ると、サブスクの映像コンテンツを観る際に81・３％が「ながら見」、51・５％が「スキップ」、48・６％が「倍速」、44・３％が「ネタバレ」をしているという。ざっくり言えば半数以上が効率よく（タイパを意識して）コンテンツを消費しているわけだ。

図1　Z世代の映像コンテンツの楽しみ方に関する意識調査

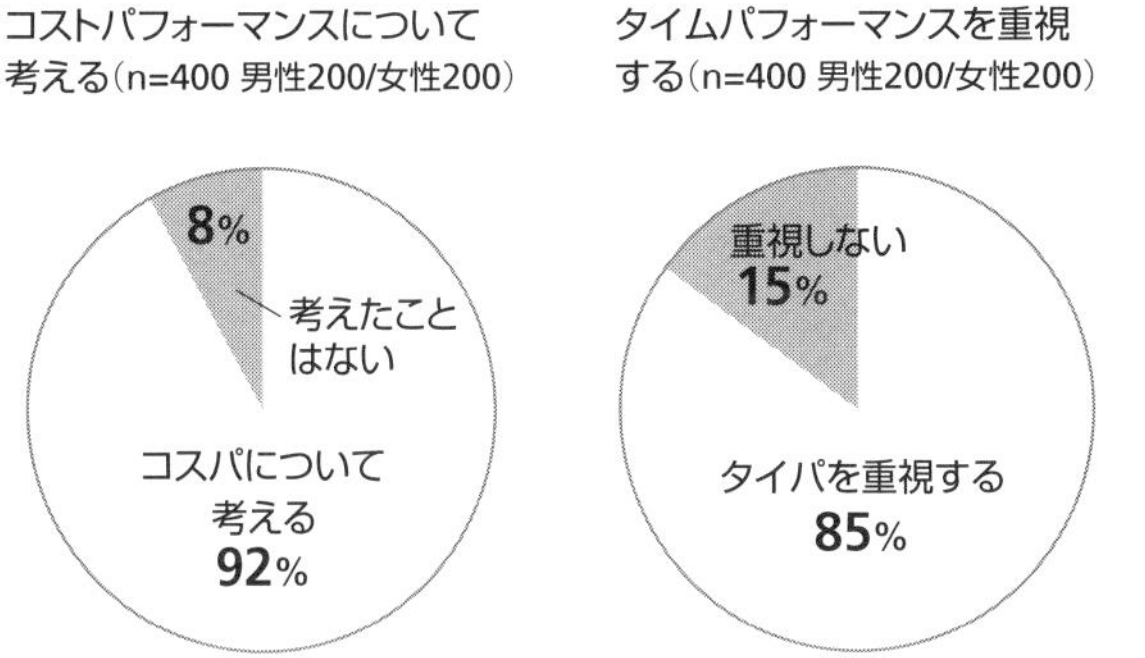

出典：SHIBUYA109 lab.
「Z世代の映像コンテンツの楽しみ方に関する意識調査」2022年
https://shibuya109lab.jp/article/220818.html

図2　Z世代の映像コンテンツ視聴姿勢

Q.サブスクでの映像コンテンツの楽しみ方に関して、あなたにあてはまる頻度を教えてください。（単一回答、n=400 男性200/女性200）

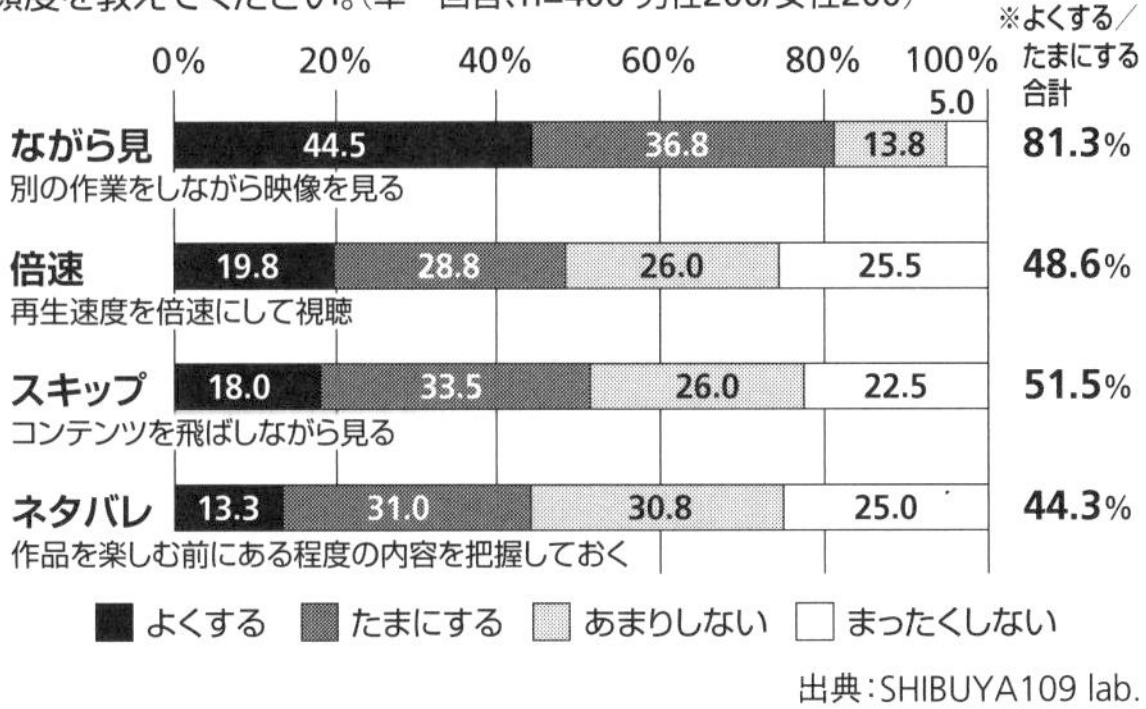

出典：SHIBUYA109 lab.
「Z世代の映像コンテンツの楽しみ方に関する意識調査」2022年
https://shibuya109lab.jp/article/220818.html

何度も記しているが、使えるお金に限度があるが情報量は増え、興味をそそるモノも多いが、その一方でSNSには再現可能な投稿が溢れていて、自分がわざわざそれを消費する必要があるかを考える、という消費行動が若者の間で定着している。

また、前章で論じた通り、自分が興味がないモノは賢く消費し、自分が興味ある趣味や事柄をメインに消費したいという志向も擁している。あわせて、ネットの流行は早く移り変わり、自分が消費するときにはそのブームがすでに下火というのもよくあることだ。

このようなことを考慮に入れると、ネタバレを踏んでおくことは、消費を失敗しないためのリスクヘッジになるわけだ。また、消費するコンテンツが多いからこそ、その都度感情が揺さぶられること自体がストレスになる若者も多く、事前に結末や道筋を知っておきたいと考える者もいる。

映画館はタイパが悪い

お金や時間をわざわざかけたのにつまらない、役に立たないという結果が生まれると、若者はそれを「損」をしたと解釈する。若者の言う損とは、従来の費用対効果に見合わない消費結果に加えて、その消費を行ったことで発生する他の消費機会の損失、（自分に関係なくても）他人だけが得をしている状態など、消費によって生まれる負の影響のことを指す。

「こんなつまらないモノを消費しなければ、他の楽しいモノが消費できたかもしれないのに……」「みんなはタダでもらっているのに、私は定価で買ってしまった……」など、実際に損失が生まれていなくても、マイナスな感情に働くことを避けたいと考え、損を回避することが消費を決定づける大きな要因になっているわけだ。

若者が映画、とくに映画館での視聴経験に対して抵抗感を示す理由としては、以下のようなものが挙げられる。

・映画料金を払う余裕がない（他のコトに使いたい）
・おもしろいかわからない映画に時間もお金もかけたくない
・鑑賞中、他のことができないことに対するストレス（マルチタスクで情報を消費したい）
・予期しない感情の起伏を得ることがストレス（だからネタバレを好む）
・テレビでもリアルタイム視聴以外にTVerやサブスクがあり、時間のコントロールは消費者側にイニシアティブがあるのに、映画館の上映時間に予定を合わせたり、途中で止めたり飛ばすことができないといったように、コンテンツ側に時間のイニシアティブがあることが不便

・劇場公開から配信までの期間が短くなっている昨今、わざわざ足を運んで映画館で視聴する動機がない

映画鑑賞は若者にとって、タイパ的にもコスパ的にも決していい消費対象ではないがゆえに、「いつ観るか」よりも「どのように観るか（消費するか）」がまず消費者にとっての関心事となる。いかにお金をかけずに視聴するかといった視聴媒体の検討や、ファスト映画や倍速視聴など、いかに「損に対するリスクを軽減できるか」という手段にばかりに気がいってしまうのだろう。

ある女子高生の視聴習慣

日常生活を振り返ってみてほしい。好きなドラマや最近観た映画、スポーツの結果やテレビで紹介されていた話題のフードまで、私たちのコミュニケーションはコンテンツをべ

ース（媒介）に行われることがほとんどだ。まだテレビが主たるメディアだった時代は、人気テレビ番組があり、それを観なければ次の日の話題に乗り遅れると言われたものだ。

現在はテレビに限らず、さまざまな娯楽（コンテンツ消費の仕方）があるため、交友関係や所属するコミュニティによってコミュニケーションのフックとなるコンテンツが異なり、コミュニケーションをとるうえでさまざまなコンテンツを消費しておくことはある意味ノルマとなっている。

以下は、日々のコンテンツ視聴習慣について筆者がある女子高校生にインタビューしたものだ。

・家庭ではテレビ番組の話題をベースにコミュニケーションがとられており、リアルタイムの放送やTVerを利用して視聴している
・親友からおすすめのアーティストを紹介されれば、YouTubeでＭＶを検索したり、音楽のサブスクでプレイリストを再生し、音楽に触れる
・学校のクラスでは「ブレイキングダウン」が流行っていて、本編を観るためにＡＢＥＭＡを利用したり、ＳＮＳに投稿されている切り抜き動画から情報を収集している

・Twitterで３つの趣味アカウントを持っていて、ディズニーの趣味のためにDisney+を、YouTubeコムドットを観るためにYouTubeを、巨人の試合を観るためにＤＡＺＮを利用している

・インターネット上で拡散され流行するネタや画像・動画をはじめとしたネットミームや話題の時事ニュースを観たり、TikTokでトレンドになっているテレビの切り抜きなどを視聴することでＳＮＳ上のトレンドを消化している

彼女に限らず、読者の皆さんを含めた現代消費者のほぼすべてが、実社会、オンラインにかかわらずコンテンツの視聴を前提としたコミュニケーションをとるという経験をしているのである。要するに「○○を観た（消費した）」という状態があったうえでコミュニケーションがとられるわけである。

さらには……

・登録したYouTubeチャンネルの最新動画

・ＣＭで気になったテレビ番組

・サブスクで観ているドラマの最新話リリース
・サブスクで配信が始まった話題の映画
・一日一話無料で読めるマンガサイトで毎日欠かさずマンガを1話ずつ読む
・サブスクで気になる音楽プレイリストを聴きながら通勤・通学
・自分が開いていない間のTwitterやInstagramのタイムラインを遡る
・ＬＩＮＥの返信
・スマホゲームのログイン

など、コミュニケーションを目的としたコンテンツ消費とは別に、自分に課したノルマのために消費しなくてはいけないコンテンツも溢れている。本来は娯楽のはずが、消化することに追われてしまっているのが現実ではないだろうか。そのなかで、効率的にコンテンツを消費するためにタイパが追求されることは、合理的といえば合理的なのかもしれない。

図3　あなたには推しがいますか？
もしくはヲタ活をしていますか？

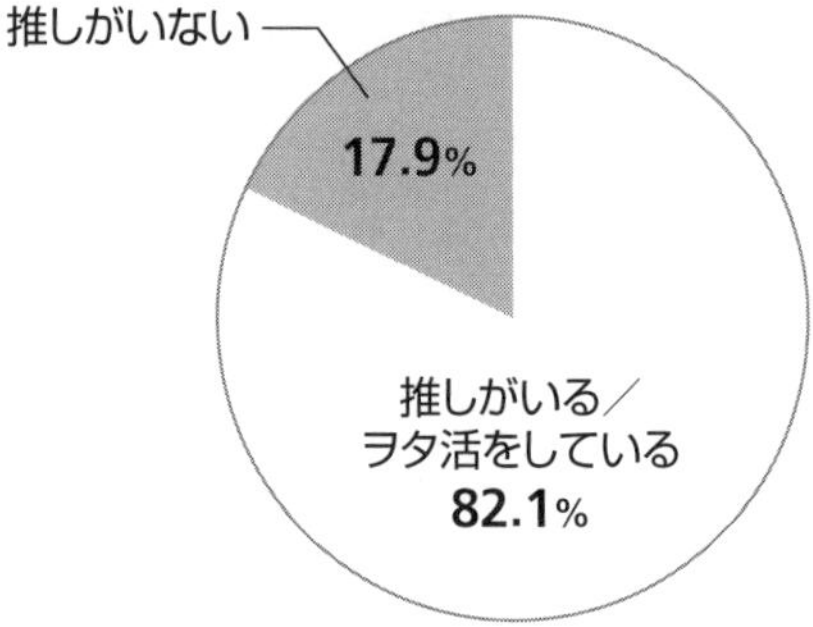

出典：SHIBUYA109 lab.「Z世代のヲタ活に関する意識調査」2022年
https://shibuya109lab.jp/article/220712.html

今すぐ「何者か」になりたい

タイパを追求したコンテンツ消費を通じて、「何者か」になりたいと考える若者もいる。

SHIBUYA109 lab.「Z世代のヲタ活に関する意識調査」によると、Z世代の82・1%が「推しがいる／ヲタ活をしている」と回答している。

ヲタ活（オタ活）はオタク活動のこと。推し活はオタ活の一環で、自分が推しているアイドルや俳優、キャラクターなどを愛でたり応援したりする活動のことを指す。Z世代の8割が何かしらのオタクであると自身を認識しているわけだ。

オタクという言葉に抵抗感を抱く読者も

いるかもしれないが、この言葉が「マニア」や「コレクター」という意味を含むことから、それ以前の世代が持つようなネガティブなイメージをZ世代は抱いていない。むしろ、何かしらの対象や趣味に熱中している人というポジティブな印象が持たれているらしく、自身がオタクであるということを積極的にアピールしているようだ。

SHIBUYA109 lab.[*1]によると、若者の言うオタクという語は、「ファン」と「お金や時間をたくさん費やしているもの」という2つの意味で使われているという。前者の「ファン」は人を指しており、コンテンツ嗜好者群を指していたオタク本来の意味合いと同様の使われ方がされている。一方、後者の「お金や時間をたくさん費やしているもの」は興味対象そのものを指しており、「趣味」と同じ意味で用いられている。

そこから転じて、オタクという言葉がアイデンティティと同義で使用されており、趣味に対して時間やお金を消費する「オタ活」を通して、自身のアイデンティティを充足したり、発信しているわけだ。

一方で、電通ギャルラボ「第2回 #女子タグ調査2017」によると、調査対象である12〜39歳女性の81・8%が何かしらのジャンルのオタクであり、一人あたり平均5・1個のジャンルにおいてオタク的資質を持ち合わせていたという。[*2]

若者はさまざまな対象に興味があり、興味を持っているというモチベーション自体をオタク的と考える。そのため、一つのコンテンツに対する愛情が一貫しているわけではなく、その場そのときで自身のアイデンティティ（何が好きか）も変化するのである。

このような背景から、興味対象を消費する際に、自分にとって特別なモノに消費をするという意気込みを「オタ活」という言葉を通して発信していると筆者は考えている。

若者にとって、自身がオタクであると発信することとは、自分自身が何者であるか＝アイデンティティを発信することと同じ。日常生活におけるプライオリティは高くなり、人間関係の構築においても、「自分が何のオタクか」「自分は何オタクと見られれば円滑なコミュニケーションをとれるのか」「他人から自分は何オタクと思われているのか」「自分は何のオタク＝どのようなアイデンティティを持つ人と交友関係を築きたいのか」ということが重要になるのである。

居場所はSNSにあればいい

従来は大衆的に消費されるコンテンツがあった。しかしインターネットやＳＮＳの普及により、人々が一様に同じ関心を向ける社会から、それぞれの感性に従って消費行動を決定する社会へと変化し、人々の嗜好はより「個」の追求へと移行していった。

ざっくり言えば、みんなが好きなモノを消費する時代から、自分が好きなモノを消費する時代になったわけだ。もちろん昔から「好きだから」消費をするのは当たり前のことなのだが、好きなモノの選択肢が「大衆に消費されているモノ」という枠のなかにあった。だから、メインストリームで消費されていないモノを嗜好しているとそれはサブカルチャーとしてとらえられたり、奇妙な趣味を持つ人と見られてしまう傾向があったのだ。

しかし、前述した通り、例えばテレビで放送されているコンテンツという枠組みのなかで消費者が趣味の幅を広げて好きなモノを探求していた時代や、特定のセグメントが消費するモノを想定して内容が構成される雑誌のようなものからトレンドを収集していた時代は過去のものとなった。消費者は本当に好きなモノをインターネットを通じて消費するようになり、趣味や嗜好は本当の意味で十人十色の時代に変化していったのだ。

あわせて、コミュニティの変化も大きな要因だ。

ＳＮＳの普及によってバーチャルなつながりを持つことが大衆化し、仮に現実社会で自身を肯定してくれる人がいなくても、ＳＮＳ上で自分を理解してくれる人がいればそれでいいと考える者も増えている。

前述した通り、テレビなどのマスメディアが情報や交流のフックとなるコミュニケーションツールだったころは、大衆的に消費されるモノが存在するからこそ、仲間内で話を合わせるために消費を行うことで帰属意識を高めていた。ところがSNSのつながり（趣味のつながり）が生まれたことで、わざわざ現実社会の知人に自分を理解してもらわなくてもよいと考えるようになったのだ。

ニッチな嗜好、人に言いづらい趣味を持っていても、現実世界の人間関係に理解を求めたり、現実社会の人間に配慮しなくても、ネット上でそのニッチな消費対象を嗜好している他の消費者を見つけ、そのコミュニティに身を置くことが可能なのである。

そのような価値観のなかで、推し活やオタ活のように好きなことを消費すること自体が自身の精神的充足につながるのならば、生活におけるプライオリティは「趣味」に置かれ、「趣味の時間」と「趣味をするために仕方ないけど働かなくてはいけない時間」とに分断される。就業（会社）そのものは趣味を行ううえでのプロセスという価値観しか見出すことができないため、会社に対してモチベーションややりがい、目的を持つことなどますます困難になる。

長い時間拘束されず、お金がもらえればそれだけで十分。それなのに、給与も発生せずに会社の人たちと終業後の飲み会で顔を合わせていなくてはならない。上司陣からしたら家に帰ってもやることはないし、自分の話を聞かせることができる最高の場なのかもしれないが、若者からしたら苦痛以外の何物でもない。

このように、現実社会における共通意識（身を置くコミュニティ）に対するプライオリティが低いと、そこでの人間関係の親密度を深めることは難しく、人間関係が淡泊に見えてしまうわけだ。一方で、SNSにおける趣味を媒介としたコミュニティや共通意識は自身のプライオリティの高いものであり、つながり自体も強度も、自分の嗜好に合わせて、身を置くコミュニティや、個々でつながりたい仲間を選択できるのである（SNSの趣味アカウントを作るのも、ハッシュタグで同じ趣味を持つ消費者を探すのも、他の消費者にリプライやDMをすることも、どれも自発的に行われていることだ）。

そのため、趣味のコミュニティに高いプライオリティを置く者にとっては、SNSでの人間関係そのものが「好きなモノを消費していいんだ」「好きなモノを認めてくれる人がここにはいる」といったように、自己肯定感を高めてくれる場所となるのである。そのような側面から見ても、SNSの存在はオタクというアイデンティティを形成、維持するために重要な場といえるだろう。

あわせて、ＳＮＳはさまざまな多様性が可視化され、人々の権利や訴えが主張される場、そしてそれが認められる場として成立している。大衆に埋もれることなく、個の価値観が大事にされるようになったことで、今まで以上に自分自身の価値観が何なのか、他人を見たときに自分は何者なのかと意識させられることも増えたような気がする。

むしろ、他人の動向がＳＮＳによって視覚化されてしまったことで、より自分のアイデンティティを意識するようになったともいえるかもしれない（「夢が実現した」という他人の投稿、趣味を全力で楽しむ他人の投稿などを見たときに、自分の現状と比較してなんともいえない気持ちになったことはないだろうか）。そのような背景からも、自分の趣味＝アイデンティティを表層化させ、自分が何者であるかを他人に示したい、そのアイデンティティをフックに人間関係を構築したいという心理が生まれていると筆者は考える。

ここまでをざっくり整理すると、オタクになることがアイデンティティにつながるのでオタクになりたい若者もおり、それ自体が若者がオタクを自称する理由になっているということだ。

誰に「オタク」と思われたい？

では、実際に若者は誰にオタクと思われたいのだろうか。

現実社会においては、他人からの「○○は映画に詳しいよ」「音楽について聞くなら○○だよ」という評価によって、実社会の交友関係のなかでオタクであると思われたいという承認欲求がそこにはあるだろう。

ネット（SNS）のコミュニティにおいては、例えば映画が趣味だから、SNSで他の映画ファンとつながって盛り上がりたいという欲求が生まれた場合、他のオタクと交流を持つためには、まず自分自身がオタクだと思われる必要がある。コミュニティでのコミュニケーションのためにオタク＝自分が何者かを示す必要があるのだ。

また、自身は現実社会ではオタクだと思われているけれども、それを保証（証明）してくれるものはないから、他のオタクから認めてもらうことで自信につなげたいと考える者もいるだろう。

このような背景から、最短で「何者か＝オタク」になりたいと考える者もいるようだ。しかし、コミュニケーションに重点を置いた個性はなんでもいいわけではなく、それについて興味がある人が多く、その個性に需要があるほうが、話題としてもコミュニケーションツールとしても価値が大きくなる（趣味に優劣があるという意味ではなく、あくまでもツールとして見た場合）。

コミュニケーションツールとしての個性として、高い需要があるのが映画界隈なのだろう。Twitterでは「映画オタクはじめました」「映画オタクになるにはどうすればいいか」といったツイートが散見されるが、ステータスとしてのオタクが欲しい（オタクになりたい）若者にとっては、いかに最短距離で、いかに手間をかけずにオタクになるかがタイパを追求する動機そのものになるわけだ。

だからこそ、ファスト映画を視聴したり、動画のスキップ機能を利用したり、ネタバレサイトを見たり、Twitterに溢れる猛者たちの論考や雑学をあたかも自分のオリジナルかのように引用し、知った気になったりする。映画鑑賞の醍醐味ともいえる「初回の感動」を放棄するという非合理的な行動をとったとしても、彼らにとっては、時間をかけてその醍醐味を味わうこと自体が非合理的であり、とにかく省けるものを省いたほうが合理的なのである。

しかし、従来のオタク議論を援用するのならば、オタクはある種のレッテルの側面がある。筆者はオタクの専門家として10年以上オタクを研究している。さまざまな領域で研究されている点や、オタクという言葉が使われる機会によって持つ意味が異なるため、オタ

……知とは異なり、「限られた時間でより多く」「手間をかけずに観た（経験した）状態になりたい」という欲求が特徴で、モノやコンテンツをコミュニケーションの〝きっかけ〟〝手段〟ととらえているという。その背景には何があるのか？　一見不合理なタイパ追求の現実に迫る！

廣瀬　涼

●1056円

日本語が消滅する

山口仲美

をする……
警鐘を鳴らす。その可能性……
トペが豊富で繊細な意味合いまで出せる日……
を楽しく解説。読み進むにつれて日本語に自信と誇りを持……
次世代にしっかりと日本語を伝える気持ちがみなぎってくる！

80歳の壁

和田秀樹

60万部

人生１００年時代だが、80歳を目前に寝たきりや要介護になる人は多い。「80歳の壁」は高く厚いが、壁を超える最強の方法がある。それは、嫌なことを我慢せず、好きなことだけすること。「食べたいものを食べる」「血圧・血糖値は下げなくていい」「ガンは切らない」等々。70代とはまるで違って、一つ一つの選択が命に直結する80歳からの人生。寿命をのばす「正解」を伝授。

●990円

ぼけの壁

和田秀樹

10万部

幸せな老後、残念な老後を左右するのは「脳の老化」。その二大原因は「認知症」と「老人性うつ」だ。認知症は実は進行がゆっくりで「かかったら人生おしまい」ではない。他方、老人性うつは適切に治療すれば治る病気だ。正しく知ってメンテナンスすれば、ぼけが始まっても脳は簡単には衰えない。大ベストセラー『80歳の壁』の著者による明るい老後の最終結論。

●990円

2040年の日本

野口悠紀雄

6刷

２０４０年、国民の年金や医療費などの社会保障負担率は驚くべき数字になる。現在と同じような医療や年金を受けられると思ったら大間違いだ。事態改善の鍵を握る医療や介護におけるテクノロジーの進歩はどこまで期待できるのか。60年近く日本の未来を考えてきた著者が、幅広い分野について言及。未来を正しく理解し、備えられるかどうかで人生の後半は決まる！

●1078円

「ひいき」の構造

島田裕巳

許せない他人への贔屓《ひいき》。その一方で密かに願う自分への贔屓。寵愛、馴染、タニマチ、常連、自担、推し……と次々に変容する日本の「ひいき」。対象への並外れた愛情を表すこの現象は日本独自のものと言えるのか。そして、そもそも、なぜ人は人や物に過剰な愛を向けずにいられないのか。九鬼周造『「いき」の構造』、土居健郎『「甘え」の構造』に連なる画期的論考。

●990円

クは定義づけが大変困難である。そのなかで、筆者はオタクの消費性とオタクの成立の仕方の２つに着目し、以下のようにオタクを定義している。

①自身の感情に「正」にも「負」にも大きな影響を与えるほどの依存性を見出した興味対象に対して、時間やお金を過度に消費し、精神的充足を目指す人
②オタクとレッテルを貼られた人

このうち①は、彼らの消費性とコンテンツに対する依存性を考慮に入れた側面である。オタクと呼ばれる消費者は、熱心に消費している点、特定のモノに熱中している点が他の消費者と異なり、その特質的な消費行動がオタク的と認識されている。言い換えれば、オタク的と認識されている特質的な消費行動を行う者のことを「オタク」と呼ぶわけだ。

その消費が特質的な消費なのかどうか判断をするのは他人であり、他人がオタクであると認識したときに、そこにオタクは生まれるのである。

もともと、オタクという言葉は「お宅」という二人称からきており、使い始めたのはＳＦアニメ『超時空要塞マクロス』のスタッフだといわれている。制作者間でお互いを「お

ことから、ファンの間で同じコンテンツを嗜好する消費者を呼ぶ、声をかける際に使われるようになった。

「お宅も○○が好きなんですか？」「お宅もあのイベント参加しました？」といったように、相手の人となりはわからないが、たぶん自分と同じものが好きなんだろうな、というときに使い勝手がよかったわけだ。

「オタク」という言葉には呼称の側面があったのだ。また、若者の間では、オタクは自称として定着しているが、オタクのコミュニティには「にわか」や「ライトオタク」などオタクになりきれていない消費者への呼称が存在し、自分がどれに当たるかは他人からの評価で成立するのである。

「Aさんは（自分よりは）オタク」「Bさんは知識がないから（オタクじゃなくて）にわかだ」といった議論は、どのカテゴリーのオタクのコミュニティにおいても聞かれる話だ。

ここまで論じてきた通り、オタクがそこにいると認識される背景には、「消費者がコンテンツに熱中する⇓その熱量が他人に認知される⇓他人が自身の消費行動をオタク的であると認識することでオタクと呼ぶ（評価する）ようになる」といった流れが存在する。

そのため、本来好きが高じて（他人から特質的な消費行動が認知されて）オタク（と呼ばれるよう）になるのに、オタクを自称する層や、オタクという評価が欲しい＝何者かになりたい層は、オタクになりたいがためにコンテンツを消費していることになる。

しかし、ここで疑問が生まれる。「何者かになりたい」層がコンテンツを消費する目的は、本当にオタクになることなのだろうか？

ここまで、タイパを追求したコンテンツ消費がされる理由として、①実社会、オンラインにかかわらず、消費が前提でコミュニケーションがとられるから、②オタク＝何者かになりたいから、が挙げられると論じてきた。果たしてこの2つは、タイパ追求の目的と言えるのだろうか。

タイパはあくまで手段である

ラーメンを食べる際のコスパ追求の目的は「ラーメンをお得に食べる」という点にあり、目的を達成するには「ラーメンを食べる」必要がある。これを経済学の言葉で言い換えれば、コスパにおいては消費されたモノが消費者に直接効用をもたらす。

ラーメンを食べたという結果やその過程（味、満腹具合など）そのものが欲求を満たすことにつながるわけだ。コスパを追求することは、目的達成のために消費を行ううえで何が最適解かを検討する行為といえるだろう。

しかし、タイパの追求においては、消費したモノが直接効用を生むわけではない。仮にオタクになりたい、何者かになりたいということが目的ならば勝手にオタクを名乗ればいいし、自分はオタクだと思い込んで生きていればいい。しかし、オタクになりたい、何者かになりたいという、一見目的に思える欲求の裏には、「〇〇ということを他人から認知されたい」という本質的な願望がある。

これは、コミュニケーションツールとしての個性に優劣が生まれることと同じだ。趣味があっても、需要がある個性でなくてはコミュニケーションは生まれない。オタクであると知ってもらわない限り、その個性を媒介にコミュニケーションは生まれない。ただオタクになりたいわけではなく、オタクということを他人に認知されたいという本当の目的がそこにはある。オタクになりたいという願望は、オタクと認知されるための手段にすぎないのだ。

オタクになりたい⇒手段

オタクと認知されたい⇓本当の目的

ここまでを整理すると、

コスパの追求で消費されるモノ＝満たしたい欲求を充足するモノ
タイパの追求で消費されるモノ＝ある状態を生むために必要な手段

といえるのではないだろうか。これを踏まえて、あらためて倍速視聴やファスト映画視聴がされる本当の目的を整理してみよう。

①実社会、オンラインにかかわらず、コンテンツの視聴が前提でコミュニケーションがとられる⇓周りとコミュニケーションをとるために「観たという状態」を作ることが目的。映画やドラマを消費することは、「観たという状態」を作るための手段にすぎず、映画やドラマの使用価値（エンタメ、感動）を得ることは目的ではない
②オタク＝何者かになりたい⇓周りから「オタクであるという認知を受けている状態」

を作ることが目的。オタクになることそのものは目的ではなく、「オタクというアイデンティティが他人から認知されている状態」を作りたい

コスパは消費体験そのものが目的であるが、タイパは消費体験が手段にすぎず、その手段を通じて消費者は目的を達成したいのである。そのため、目的を達成するうえでさまざまな手段（消費対象）がある。

再三書いてきたが、ラーメンをコスパよく食べたいという目的は、ラーメンを食べること以外では達成できない。しかし、例えば動画視聴におけるタイパの追求は「観た状態」＝「そのコンテンツを媒介にコミュニケーションができる状態」になればいいだけなので、必ずしもその動画を観なくてもいいのであり、その目的を達成しうる手段の効率や費用対効果を比較することがタイムパフォーマンスの本質といえるだろう。

最速で「映画オタク」になる方法

第1章で述べたように、コスパのよさは、その人の状況や消費を行う場所などの影響を受けるため主観で知覚するものだが、タイパのよさは客観視できる側面もある。

仮に映画オタクになるためにタイパを追求するとしよう。最も時間がかかる方法は、いつまでにという目標を立てずに、じっくりさまざまな映画を鑑賞し、長い年月をかけて知識や視聴本数を増やし、映画に詳しいという評価を得る、というものである。

　これは先述したオタクのレッテルの側面であり、自分が好きでコンテンツに熱中すれば、好きこそものの上手なれで知らぬ間に詳しくなっていて、それが他人からの「映画オタク」という評価やレッテルにつながるわけである。言うまでもなく、コンテンツの裾野が広く、歴史が深いジャンルほど極めるのが難しく、時間もかかるし、消費者が多ければ多いほど詳しいオタクも多くなるため、ごまかしが利かなくなる。十分な知識を得るためにはたくさんの時間を必要とするし、お金もかかるため、「オタクであると認知されたい」という目的を達成する手段としてはすこぶるタイパが悪い。

　そこまで時間はかけられないが、王道を外さずに視聴し、映画という話題に対する引き出しを増やすという手段もある。また、何を観ればオタクになれるのかを教えてもらって、そのノルマを達成することで「オタクになれた」（自称）という知覚を生むこともできるだろう。王道やおすすめされた映画を倍速視聴し、視聴体験の効率化を図ることもできる。

　より効率化が加速すれば、映画のネタバレやハイライトを視聴し、その他の部分はあらすじを読むことで補い、1本あたりにかかる視聴時間を短縮することもできるだろうし、ファスト映画などを視聴し、本編に触れることなく視聴したつもりになって、本数を稼ぐこともできるはずだ。

なんなら観なくても、ネタバレだけ読めばその作品に関しては「コミュニケーションをとれるツール」になる。映画の鑑賞が目的ではないため、より速く、よりお金をかけずにオタクになる手段を選べば、オタクと認知されるという目的を達成するうえでタイパのよい消費となるわけだ。

そもそも映画が嫌いなら映画オタクになりたいといった動機は生まれないため、すべての映画でタイパを追求したりしないだろうし、時間があればじっくり観るだろう。ただ、映画という話題をきっかけに交流したことが楽しかったり、「映画詳しいね」と言われることで満たされたちょっとした承認欲求が、極端にタイパを追求するような視聴経験のきっかけを生んでしまうのだろう。

楽しみからノルマに変わると、いかに手間を省けるか、いかに無駄をなくせるかという点に強い意識が向いてしまうため、映画本来の使用価値である「鑑賞」や「感動」といった点がある意味でおまけになってしまうのだろう。

図4　映画オタクになるためのタイパの追求

タイパが悪い

① じっくりさまざまな映画を視聴し、長い年月をかけて「映画に詳しい」という評価を得る

② 王道の作品を中心に視聴し、映画というカテゴリーにおける引き出しを増やす

③ 何を観ればオタクになれるのか教えてもらい、そのノルマを達成したことが、オタクになれた（自称）という知覚を生む

④ 王道やおすすめされた映画を倍速視聴し、効率化を図る

⑤ 映画のネタバレやハイライトを視聴し、その他の部分はあらすじで補い、1本あたりにかかる視聴時間を短縮する

⑥ ファスト映画などを視聴し、本編に触れることなく視聴したつもりになって、本数を稼ぐ

タイパがいい

　いずれにせよ、手段における手間を省けば省くほどタイパはよくなる。そして、その行為の良し悪し、ファスト映画を違法と知りながら視聴する罪悪感などの負の部分（負のコストが生まれる可能性）を考慮に入れなければ、図4では①から⑥に向かうほどタイパがいいと誰もが認識できる。タイパは客観視できる場合もあるのだ。

　さて、ファスト映画や倍速視聴の話題が出ると、「そんなことして、映画の感動が薄れてもったいない」「映画のよさが丸つぶれだ」といった議論が生まれるが、じっくり鑑賞したい人もいれば、観たという事実を作りたい人もいるわけで、目的が違うなら同じ映画を観るという体験において、

タイパという概念を持ち出す消費者と持ち出さない消費者がいるのは当然なのである（それがいいか悪いかは別として）。

宿題をやる目的は？

ここまで、動画の視聴におけるタイパについて論じてきたが、タイパは「宿題」を例に挙げるとわかりやすいだろう。

私たちは学生時代から数多くの宿題をこなしてきた。とくに夏休みの宿題は、夏休みが始まる前に問題集を終わらせる者もいれば、最終日に家族総出でなんとか終わらせる者もいたのではないだろうか。

疑うことなく与えられ続けてきた宿題。宿題をやる目的は何なのだろうか。

考えられる目的は2つある。1つ目は、宿題をすることで学力を高めたり、勉強の習慣をつけることである。これは先生が宿題を与える理由であり、学生に期待していることである。問題を自分で解くこと（考えること）自体が目的なのだ。

2つ目は、宿題をやっていないことで怒られない（内申書に響かない）状態にすることだ。別に勉強に興味がない者にとっては、学力をつけたり、勉強の習慣をつけることを必要としないため、目的にはならない。ただ、宿題を提出しないことで先生にとやかく言われたり、怒られることがわずらわしい場合、宿題を終わらせておく必要がある。ある意味、宿題を終わらせておくことはリスクマネジメントになるわけだ。

　この場合、宿題を終わらせておくことが目的のように見えるかもしれないが、提出が求められなかったり、終わらせてなくても怒らない先生ならば、宿題を済ませておく必要はない。本当の目的は「（宿題をやっていないことで）怒られることを回避する」ことにあり、先生との不快なコミュニケーションを回避したいのだ。

　さきほど、コンテンツを媒介にコミュニケーションがとられるため、コミュニケーションツールとしてコンテンツを消費しなくてはならないと述べたが、これに性質は似ている。宿題が済んでいれば不必要に怒られないため、不快なコミュニケーションをとらないためには宿題を終わらせておく必要があるのだ。

①宿題をすることで学力を高める。勉強の習慣をつける⇒問題を解くこと自体が目的となる

②宿題をやっていないことで怒られない（内申書に響かない）状態にすることが目的と

なる（リスクマネジメント）⇓宿題を終わらせた状態にしておく手段は複数ある

ここまでを整理すると、①が目的ならば、どれだけ時間をかけて済ませてもとくに問題はない。むしろ時間が長いほうが試行錯誤を重ねたり、考察を深めることができるため、宿題をすることで学力を高めたり、勉強の習慣をつけるという目的達成に近づく。

しかし、②は怒られないことが目的であり、そのために宿題が済んでいる状態を作っておく必要があるにすぎない。そのため、宿題を終わらせた状態にしておく手段は複数ある。②でタイパを追求するのならば、愚直に問題を解くことはタイパが悪い。答えを写せば、自分で思考する手間も時間も省けるため、タイパはよくなる。さらに人にやらせれば、自分が写す手間も省けるため、自身にかかるコストは皆無といえる。

ただ、脅されたりしない限り、好きこのんで宿題を代わりに写してくれる変わり者などいないだろう。そこで、「ジュースおごるから」「５００円あげるから」と、代わりに写させることへの対価を支払おうとする者もいる。タイパを追求するために、本来宿題をするうえでかかるはずのない金銭的なコストを発生させてまでも、時間の効率性を追求しているのだ。

図5　宿題におけるタイパの追求

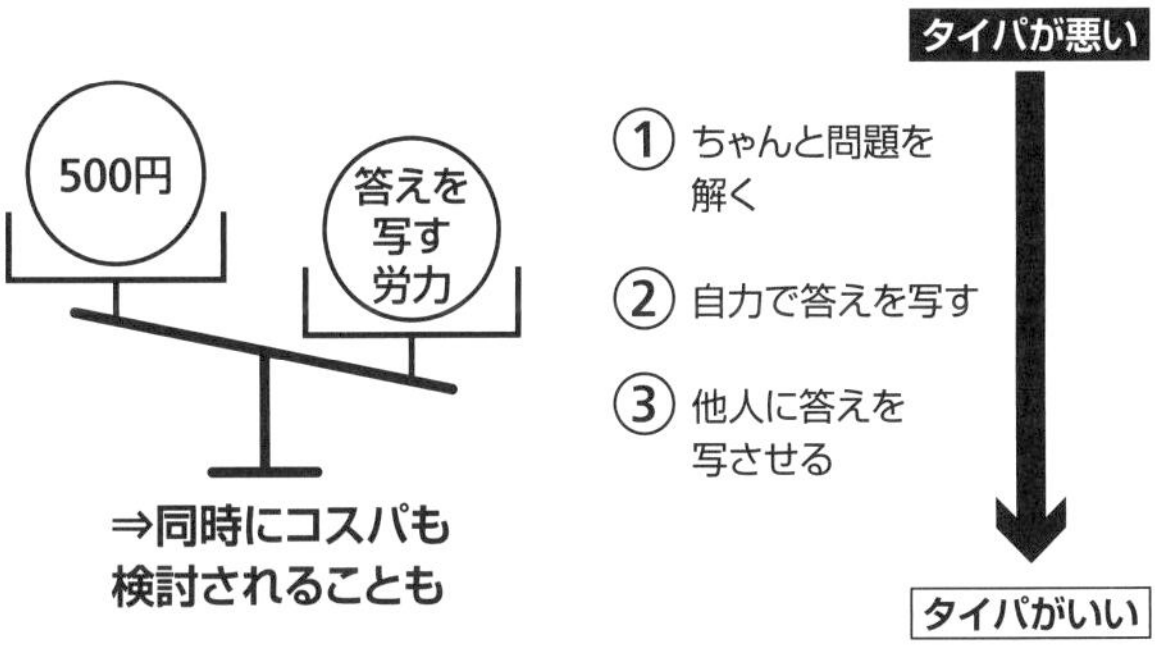

ときには、５００円でやってもらおうとしたけれど、６００円ならやってやると予算以上の請求をされたりすることもある。金額と、実際に自分が答えを写す労力を比較した際に、６００円なら他人に頼まないで自分でやるという決定をするかもしれない。

その場合、効率性と実際に発生する金銭的コストが天秤にかけられており、タイパと同時にコスパも検討されているといえる。いくら手間が省けるといっても割高だから、スーパーで下処理がされている食材は買わずに、そのままの食材を買うという消費行動と似ているかもしれない。

日常生活において、タイパを重視しないで主体的に消費する場合、その消費結果が目的となり、消費過程に意味がある。一方、タイパを重視する場合、消費過程はある状態になるための手段であるため、そこに意味を見出しにくい。どうすれば手間をかけずに済むかを、また手間をかけないことでかかる費用を考慮しながら、タイパを検討するのである。

ダイエットのタイパとコスパ

ここまで、映画や宿題を例に、タイパにおける「目的」について述べてきた。

しかし、私たちは日常の生活のなかで、欲求を充足したいがためにコスト度外視で消費を行うこともあるし、財布の中身がカツカツすぎて、クオリティよりもとにかく価格が安いモノで凌ごうとすることもある。いつでもタイパやコスパを追求するわけではなく、必要に応じて効率化を図ったり、省けるところは省こうとするわけだ。

また、買い物をするときに「よし！　今日はコスパを追求して買い物するぞ!!」というふうに意識して購買行動が行われるのでなく、商品選択の際に無意識に自身の購買経験や自身の現状などが考慮されて、最適解＝コスパのよさがとられている。

日々繰り返される消費のなかには、タイパやコスパが意識されていないこともあれば、タイパもコスパも両方考慮に入れられて消費が行われることもあるのだ。

ダイエットはそのいい例である。ダイエットの目的はもちろん痩せることだが、その手段が多いがゆえに、時間を重視した手段を選ぶのか、価格を重視した手段を選ぶのかは人によって異なる。

・ジムに通う
・エステに通う
・サプリを飲む
・食事制限する
・自分で運動する

自身の経済力、余暇活動に使える時間、性格、成果が出るまでの一般的な期間などを考慮に入れて、痩せるという目的を早く達成したい場合、お金をかけることで効率性を図ればタイパが追求される。

パーソナルジムに通って、エステに行って、サプリを使って、完全栄養食で食事の節制をする……コストにこだわらなければ同時に複数利用できる手段も多く、それぞれの手段が機能すれば、時間をかけずに痩せられる可能性が高くなる。コストにこだわっていないため、コストパフォーマンスが重視されているようには一見思えないが、成果が出て、その費用対効果に本人が満足しているのならば、コスパがいいと知覚するかもしれない（あくまでもコスパは主観なので）。当人からしたら、それはタイパもコスパもいい手段だったわけだ。

一方、いくら格安ジムに入会しても、通わなければ成果は出ず、結果的にコスパが悪い消費経験となる。自分で運動するためにランニングシューズを買って、それで3年で目標が達成されればコスパはよいかもしれないが、他の手段と比較するとタイパはそこまでいいとはいえないだろう。再三述べているが、消費者はタイパとコスパを天秤にかけながら消費していることも多い。

コスパ追求のゴールは複数ある

コスパの追求における目的は一つであるため、比較される消費対象は同じカテゴリーのモノである。ダイエットなら痩せることが目的なので、そのために消費されるモノは手段のように思われるが、痩せるためのモチベーションとしてその手段を消費する消費者もいる。

例えば、痩せたいからジムに通うというとき。痩せるという大きな目的が存在するのは確かだが、本来お金をかけなくても痩せることはできるのに、わざわざ痩せるためのモチベーションや手段、動機、言い訳などのため、ある意味で心理的な効用のためにジムに通う者もいる。

「ジムに通ってるから痩せるはずだ」「ジムに通ってるから大丈夫」という漠然とした根拠のない自信や安心感を生むことで、自尊心を保ったり、現実逃避につなげるのだ。そのため痩せるという口実で、ジムに加入すること自体が結果的に目的となる者もいるのである。

それを踏まえたうえで、図6を見ていただきたい。

サウナ・プールつきの施設や、24時間使える施設、パーソナルトレーナーつきの施設など世の中にはさまざまなジムがある。どの選択肢でも「ジムに通う」という目的は達成できるため、ジムへの加入意向がある消費者は、自身の住まいの立地や予算などをベースに、通うことができるであろう選択肢からジムを比較して決めるのが一般的だ。「ジムに通う」という目的を達成するうえで、何が最適解かを検討することそのものがコスパの追求となるのだろう。

図6　コスパの追求における目的達成

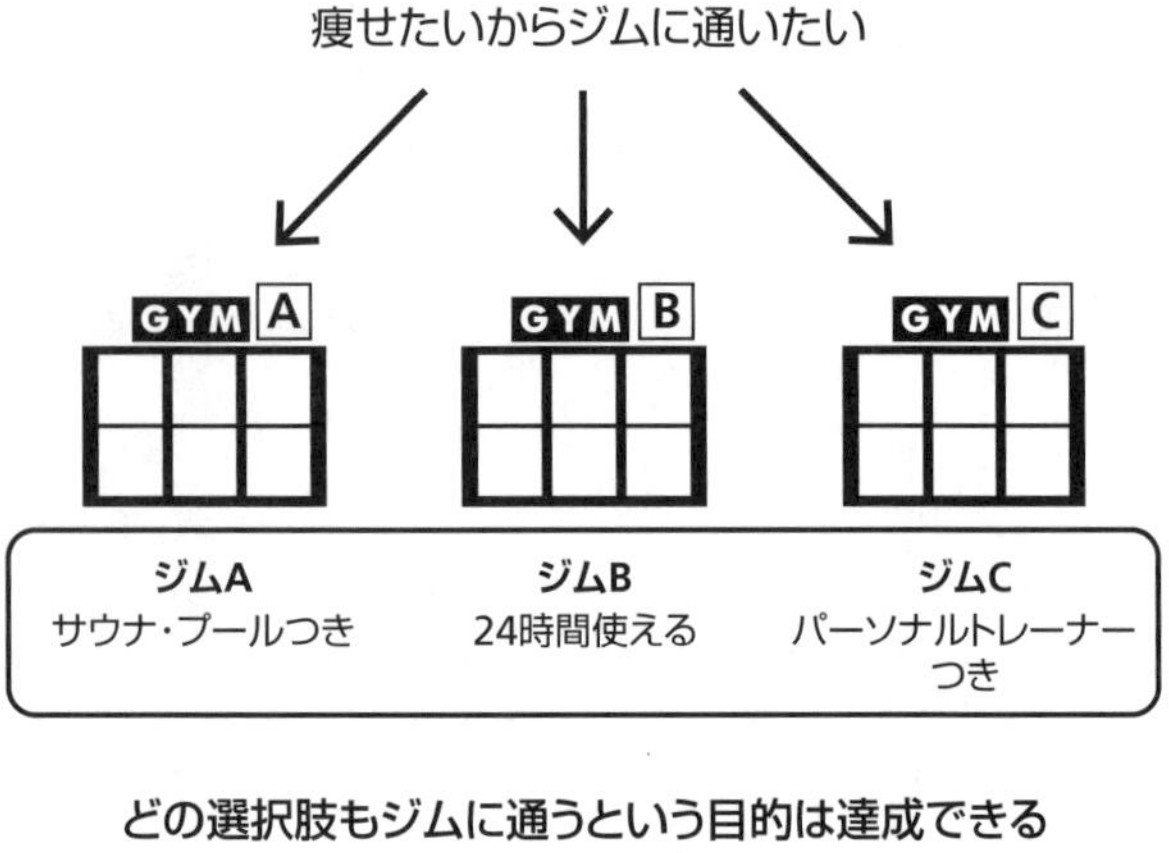

　コスパを追求した消費結果はカテゴリーの選択肢の数だけ無数に存在する。ここで言う選択肢とはもちろんサービスや商品（企業戦略の数）のことであり、ジムでいえば、日本には８０００店舗以上あるといわれているどの施設を選択しても「ジムに通う」という目的は達成できる。

　数ある選択肢のなかから、自身の生活レベルや環境を配慮したうえでの最適解を選ぶ。コスパを追求した消費結果の上位互換のサービスや商品が存在するかもしれないし、この値段から「この部分は質が悪くても目をつぶろう」といった感じで、その最適解のクオリティを妥協することもあるだろう。

そのため、目的は達成できても、その消費結果に対して必ずしも満足感を得られないこともある。コスパの追求によって消費されるモノに対する評価は直接効用（使用価値）によるため、選択した消費結果によって満足度が異なるからである。

寿司が食べたくなって、コスパを考えてスーパーの寿司を買ったけれど、そのクオリティには満足できず、次の日は寿司屋に食べに行くといったように、目的は達成できてはいるのに満足できなくて、結果的により高い満足を求めて消費し直すということが私たちの日常生活ではよくある。

安くても寿司は寿司だし、コスパのよい寿司を食べることでも「寿司を食べる」という目的は達成できるが、それで満足できずによりクオリティの高い寿司を消費するならば、「コスパのよさで選んだ寿司代＋クオリティの高い寿司代」と余計な費用がかかり、必ずしもコスパを追求したことが満足につながるわけではないのだ。

タイパ追求のゴールは一つだけ

タイパを追求する際には、「その状態になる」という目的が達成される前提で検討される。消費者はその手段を消費すれば（いずれは）目的が達成できると想定して、その目的

図7　タイパの追求における目的達成

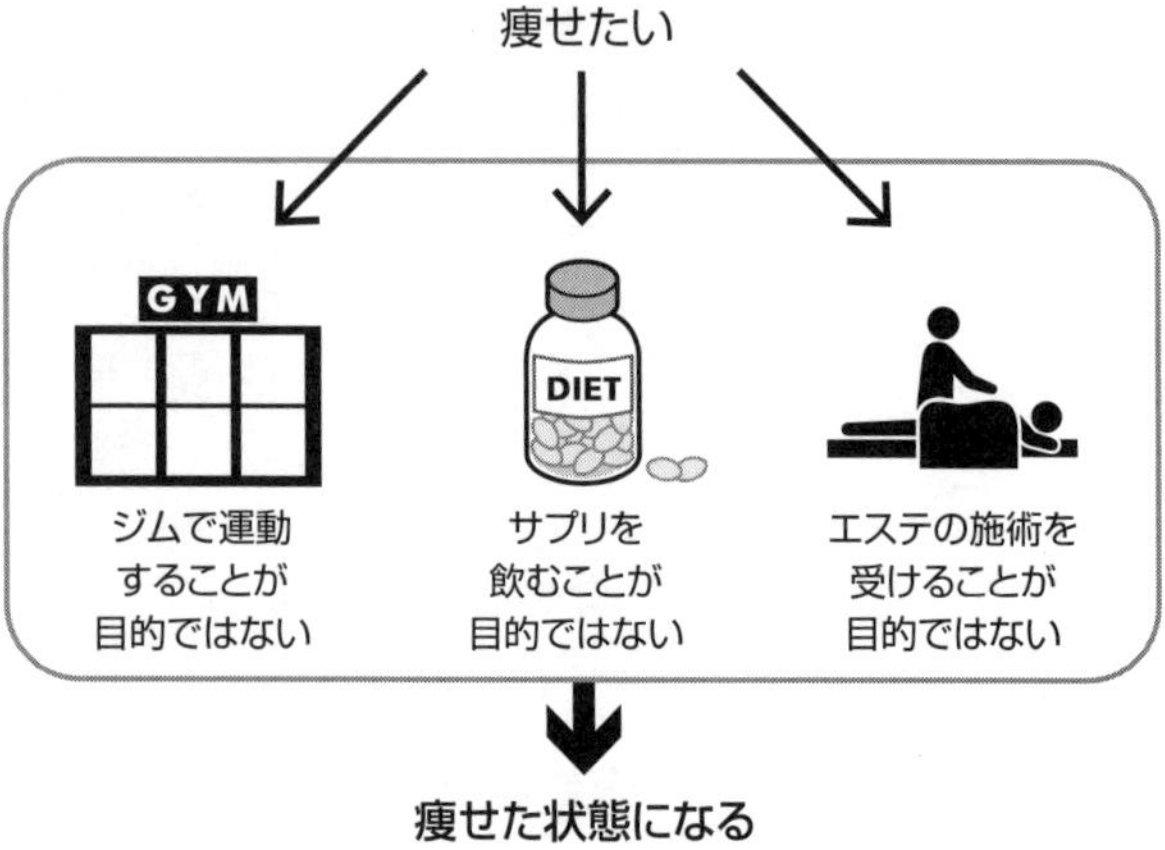

が達成できる可能性が高いモノを選ぶのである。

そのためタイパの追求においては、比較される手段が必ずしも同じカテゴリーのモノというわけではない。また、手段＝能動的な行動であるため、その手段をとるうえでの手間（自分の技量、性格、経済力、かかる時間）がかからないモノがタイパがよいといえる。

ダイエットが目的ならば、痩せた状態になることが真の目的であり、それさえ達成できれば（達成できる見込みがあるならば）、ジムに通おうが、サプリを飲もうが、エステだろうが、どの手段でもいいわけだ。

一方で、各手段は目的ではないため、ジ

ムに通って運動すること、サプリを飲むこと、エステの施術を受けることは目的ではない。あくまでもその手段を通じて「痩せた状態になる」ことが目的なのである。

さきほど、コスパを追求してジムを選ぶ場合、ジムに入ることが目的になりうると論じた。普通に考えたら、「痩せる」という目的のためにジムという手段がとられて、さまざまなジムのなかからコスパのいいモノが選ばれ、その結果として痩せることが期待されるという流れになるわけだから、痩せるということが目的で、ジムは手段であり、ジムに入会することが目的になることはない、という反論が来るかもしれない。

しかし、それはあくまでも消費者が合理的に動いた場合のみである。多くの消費者は入会して満足してしまったり、モチベーションが保てず、結果が出ないままだらだら会員を続けたり、途中でやめてしまうのではないだろうか。その場合、消費者は真の目的である「痩せる」という点ではなく、ジムに入ったことで得られる満足感自体が目的になってしまっているのである。

このように、タイパやコスパのよさは、消費がされた瞬間ではなく、その消費結果が出たときに評価されるという側面も擁している。

タイパの3つの性質

さて、ここまでさまざまな側面からタイパの性質を考察してきた。世の中で言われているようなタイパを消費文化論の視点から掘り下げれば掘り下げるほど、世の中で言われているような、「かけた時間（投資した時間）に対する効果（投資対効果）や満足度がどの程度なのか」というざっくりした定義では説明がつかない点があるということに気づいていただけたのではないだろうか。

動画視聴一つとっても、効率性を求める理由が「情報量の多さ」と「コミュニケーションツールとして活用するため」ではタイパが追求される本質は異なるだろう。また、そのような議論と並行して会議や通勤時間のタイパ追求や、家事におけるタイパなど、まったく違う性質でタイパという言葉が使われている。それらがすべて「タイパ」という言葉でくくられてしまうと、情報の受け手は「結局タイパってなんなんだろう」「なんでタイパを追求するんだろう」というシンプルな問いに戻ってしまう。

そして、ネットでタイパと検索しても、「かけた時間（投資した時間）に対する効果（投資対効果）や満足度がどの程度なのか」という意味ばかりが出てきてしまい、結局腑に落ちないまま終わるわけだ。

本書を書くきっかけになったのも、筆者自身がタイパについて調べれば調べるほど、定義が現象を説明しきれていないことが多く、タイパの理解を難しくしている本質を探りたいと思ったからである。

では、ここまでの考察から、タイパの性質を3つに分類したいと思う。

①時間効率
②消費結果によって、かけた時間が評価される（主に消費後）
③手間をかけずに〇〇の状態になる（主に消費対象を検討するうえでの指標）

①は、仕事や家事など、労力が求められるときに手間を省くなどして時間の効率化を図る側面を指す。

②は、モノやサービスを消費した際に、その消費対象から直接得た効用が、かけた時間に見合っていたかを評価する側面だ。英会話教室に月5万円払って、12か月で英語が話せるようになったら、費用はかかったが結果的にタイパがよかったと評価される。

③は、その消費結果をフックにして他人とコミュニケーションをとる際に、いかに時間

をかけずに、満足のいくコミュニケーション水準まで自身の経験値や知識量を増やすことができるかという文脈でも使われている。若者が倍速視聴やファスト映画などを視聴するなどしてコンテンツを消化する側面で、オタクだと認識されたい、そのコンテンツを観た状態になっておきたいという、コンテンツの消化によって生まれるコミュニケーションが目的にある。ある状態になるためにいかに手間を省けるかに焦点が当てられるため、消費をした後に評価されると言うよりは、実際に消費対象を検討するうえでの指標となる。

タイパという言葉一つをとっても、まったく違う性質を擁している。「時間対効果」という共通点のみでさまざまな現象を「タイパ」という言葉でくくっていたこと自体、無理なことだったのだ。

ここまでのまとめ②

●コスパの追求で消費されるモノは直接効用＝目的達成につながるモノ

●タイパの追求で消費されるモノは目的を達成する（ある状態になる）ための手段にすぎないため、その手段にかかる手間が省けるモノ

- タイパが追求されるようになった背景には、①コンテンツ量の増加、②プラットフォームのサービスの進化、③コンテンツの短尺傾向、④不景気、⑤スキマ時間の活用、という５つの外部要因と、①消費に失敗したくない、②ノルマとなったコンテンツ消費、③手っ取り早く何者かになりたい、という３つの内部要因がある。ある状態になるために、いかにコストをかけずに達成できるかが追求される
- 消費者は、タイパとコスパを天秤にかけながら消費を決定することもある
- タイパには、①時間効率、②消費結果によって、かけた時間が評価される（主に消費後）、③手間をかけずに○○の状態になる（主に消費対象を検討するうえでの指標）、という３つの性質がある

＊1「ヲタ活調査第二弾 若者のヲタ活リアル実態を徹底調査！」SHIBUYA109 lab.、2019年8月20日
https://shibuya109lab.jp/article/190820.html

＊2 阿佐見綾香「電通ギャルラボの『＃女子タグ』マーケティングとは？」電通報、2018年11月6日
https://dentsu-ho.com/articles/6336

コラム　映画『君たちはどう生きるか』はなぜヒットしたか

「若者の○○離れ」のなかでも、映画はその代表と言えるだろう。映画鑑賞は若者にとって、タイパ的にもコスパ的にも決していい消費対象ではないがゆえに、「いつ観るか」よりも「どのように観るか（消費するか）」がまず消費者としての関心事となる。いかにお金をかけずに視聴するか、いかに「損に対するリスクを軽減できるか」という手段にばかりに気がいってしまうのだ。

そんななか、２０２３年７月に公開された、宮崎駿が監督するスタジオジブリ最新作『君たちはどう生きるか』は、損に対するリスクを回避する傾向に逆行するプロモーションで話題となった。プロデューサーの鈴木敏夫が、本作の宣伝を一切行わない方針を明らかにしたのだ。

２０２２年12月に公開予定日とポスタービジュアルが発表されたが、それ以降は予告編の公開やＣＭ、新聞広告、公式サイトの開設といったプロモーション活動はまったく行われておらず、出演者や主要なスタッフについても公開日までほとんどが非公開だった。ＳＮＳでは、公開前日に知った、公開日に「金曜ロードショー」で『コクリコ坂から』が放送されていることをきっかけに知った、といった投稿が散見された。

まったく情報が開示されないなかで、プロモーションをしないというプロモーションが客入りにどのような影響を与えるのかとメディアはこぞって報道した。ところがフタを開けてみれば、公開４日間の動員数は１３５万人、興行収入は21・４億円を突破し、宮崎作品で過去最大のヒット作『千と千尋の神隠し』（最終的な興行収入は３１６・８億円）の初動４日間を超える記録だという。

なぜ、この映画は事前プロモーションなしでヒットにこぎつけたのだろうか。

昨今の映画市場では、プロモーションにマルチメディアが使われている。公開の半年前には映画館で予告編が流れ、雑誌で特集が組まれ、連日テレビＣＭが打たれるといった流れが一般的で、消費者がその映画に関する事前情報に触れる機会が多岐にわたっている。

そもそも、最低でもどんな映画なのか、誰が出るのか、そもそもジャンルは何なのかがわからない限り、観ようという興味すら湧かないのではないか。いわゆるB級映画のように、ポスターを見る限り、配給会社も聞いたことがないし、出ている俳優にもなじみがないという理由で、視聴に至らないケースは多々あると思う。それでも実際に映画館での予告編や、何気なく見ていたYouTubeの広告を通して、「出ている俳優は知らないけど、ストーリーはおもしろそう」と興味につながることも少なくないはずだ。

You can't judge a book by its cover.（本を表紙だけで判断しちゃダメ、読んでみなくちゃ中身はわからない）という英語のことわざがあるが、私たちは映画を鑑賞するうえで、キービジュアルとタイトルよりも、その作品がどのような内容で、どのような層に刺さるのかという「映画の特徴」のほうが興味につながることが多いのではないだろうか。だからこそ、より詳細な情報を公開前から提示するし、公開中に最新予告や最新情報がプロモーションの一環として垂れ流されるのだ。

しかし、この流れに逆行するかのように、『君たちはどう生きるか』は、文字通りタイトルとアオサギのようなものが描かれたポスターと、宮崎駿が監督したという情報しか消費者に与えられなかった。

その結果、「情報が与えられていないモノを鑑賞する」という、トキ消費としての価値が消費者によって見出されたのだ。事前の情報を持った状態で映画を鑑賞するという形が定番化しているからこそ、何も知らず、怖いもの見たさで鑑賞するということ自体がイベント性を生み出す。「何も知らない」という自身の状態こそに付加価値を感じ、自分自身が『君たちはどう生きるか』に対してまっさらな状態である権利を駆使することが、映画館に足を運ばせる動機となっているのである。

それはそうで、内容がまったくわかっていないのならば、観にいく要因が映画そのものではなく、外部的刺激が占める割合が大きくなるのは当然だ。何も知らないで観にいくという、その情報を持たない人だけが乗っかることができるイベントに自分も参与する権利があるのならば、その権利そのものが鑑賞の理由になってもなんらおかしくはない。

また、何も知らないで観にいくという、その情報を持たない人だけが乗っかることができるイベントを体験した人々は、今度は「実際に観た＝トキ消費をした」という権利を駆使して、SNS上で映画に関する内緒話（内容に関する匂わせや、観た者同士でしか伝わらない会話）を公に始める。視聴前と視聴後の2回にわたって『君たちはどう生きるか』をフックに一時的に盛り上がる、まさにカーニヴァル化が生まれるのである。

また、唯一の情報であったアオサギのイラストや、タイトルそのもの、アオサギの鳴き声を利用したモールス信号など、『君たちはどう生きるか』に関するネットミームもたくさん生まれた。とくにSNS上においては、こうした人々の拡散力だけでも十分なプロモーションにつながったと言える。

2023年6月、「金曜ロードショーとジブリ展」の開会セレモニーにて、鈴木は次のように語っている。[*1]

「いろいろ考えているうちに一切宣伝がなかったら、皆さんどう思うんだろうと考えてみた。僕の考えですけど、これだけ情報があふれている時代、もしかしたら情報がないことがエンタテインメントになる。そんなふうに考えました」

鈴木の読み通り、情報がないということが、①何も知らないで観るというトキ消費、②情報を持っているという優越感を媒介に生み出される観た者同士でのカーニヴァル化、③コンテクストがまったくわからないキービジュアルやタイトルのネットミームとしての消費、という3つの次元でエンターテインメントとして昇華したわけだ。

また、公開から日が経つにつれて、さまざまなレビューやネタバレも投稿されるようになったが、公式からは7月末の時点で、先に挙げた3つの情報くらいしかまだ明らかになっていなかった。

作品の実態がまったくわからない状態であるため、他人の意見や思想、うんちくなどの二次情報の信憑性を担保する要素があまりにも少なすぎて、実際に鑑賞しない限りは他人の情報の真価を評価することは難しい。

そのため、自分が映画から得た感情がその映画に対するダイレクトな評価となり、解釈が個人に完全に委ねられるといった、昨今ではこれまた珍しいコンテンツ消費の体験につながるわけだ。タイパやコスパの追求は「損をしたくない」という価値観が生み出しているが、要するに「消費したお金や時間に対して高い費用対効果＝満足な経験」が得られることを期待し、もしくはそのような経験が得られることは当然であると多くの消費者が思っているのだ。

だからこそ、昨今の映画鑑賞体験で一般的になった、事前情報を浴びるように消費し、自分の想像や思い描いた内容に近いほど感情が揺さぶられないためストレスが少なく、求めている水準（内容＝満足）を得られているかを本編と自身の想像（理想）となぞりながら答え合わせするかのように視聴する、という消費の仕方では得られない体験を視聴者はできたのではないだろうか。

映画は身近な非日常を体験できるモノとして昔から消費されてきたが、今ほどプロモーションがされていなかった時代、映画に対する個人の予想や想像は本編と大きくかけ離れていて、その意外性や没入感が非日常性をますます演出していたのではないだろうか。

しかし今ではテーマパークをはじめ、大きなショッピングモールに至るまで非日常が溢れ、映画以外にも非日常と触れる機会がある。あわせて前述した通り、事前情報が溢れているからこそ答え合わせをするかのようなスタンスで視聴する者も多く、映画に非日常性や没入感を求めることは若者を中心に少なくなっている（だからこそストーリーさえわかればいいという倍速志向にニーズが高まる）。

そのなかで本作は、昔のように限られた情報をもとに、各々が映画に対するとりとめもない予想や想像を膨らませて、実際に映画を鑑賞し、それが大きく裏切られることで生まれる非日常性や意外性を消費するという、ある意味で原点回帰の映画鑑賞体験である。

コンテンツにしろ、話題のラーメンにしろ、多くのサービスや商品で事前に情報が開示され、人々の感想や批評なども溢れている。だからこそ、実態や内容も知れぬ状態で、先入観なくその商品やサービスを楽しむことは、現代消費社会においては贅沢なことになってしまったのかもしれない（情報を得ずに消費するということは、失敗に対するリスクを気にしないわけで、文字通り贅沢な消費でもある）。

とはいえ今後、別の作品が本作にならってプロモーションなしで公開したところで、話題にすらならないだろう。今回、広く話題性が消費者に伝播していったのは、制作スタジオが

「あのジブリ」で、しかも監督が宮崎駿だったということが最も大きな要因だからだ。

日本において、ジブリのコンテンツにはディズニー同様に強いロイヤリティを持つ消費者が多い。内容はまったくわからなくても、過去の作品への高い評価がスタジオジブリに対する高いロイヤリティを形成しているのだ。

もちろん、前述したようなトキ消費と類似した映画体験ができるという話題性がトリガーになっているのは確かだが、リスクを冒してまで実態のわからない映画を観にいくという消費行動を担保しているのは、スタジオジブリの確固たるブランド力であろう。

＊1「一切宣伝なしの異例『君たちはどう生きるか』宮崎駿の現在の心境は？鈴木敏夫が明かす」映画ナタリー、2023年6月28日 https://natalie.mu/eiga/news/530619

第4章 タイパ化するマーケット

マクドナルド化する社会

タイパとコスパ、それぞれに効率化の概念が存在しているうえ、そもそもタイパという言葉の定義があいまいなため、今では効率化の追求そのものをタイパと呼ぶことも多い。市場にはタイパ向上を謳った商品やサービスが溢れている。

表1は、２０２３年1月3日のITmedia ビジネスオンラインに掲載されていた「タイパ消費に対応した商品・サービス・業態事例」である。

例えば一番上にある TikTok をはじめとした「ショート動画」は、短い時間でエンターテインメントを消費できる点が特徴だ。第２章で論じた通り、スキマ時間を埋めることができるショート動画からは、何かするには短すぎるが何もしないと退屈というアイドリング時間にも確実に完結できるタスクが与えられ、動画の娯楽性と、時間を（何かをしていたという意味で）無駄にしなかったという２つの満足が得られる。

「スキマができたから」と反射的にショート動画やＳＮＳを無意識に開いてしまうこの動作は、昔読んだジョージ・リッツアの『マクドナルド化する社会』（１９９３年）を筆者に思い出させた。マクドナルド化（McDonaldization）とは、マクドナルドのような合理的

表1　タイパ消費に対応した商品・サービス・業態事例

ジャンル	代表的企業、ブランド名	特徴
ショート動画	TikTok、インスタリール、YouTubeショート	尺の短い動画で、短時間で視覚的に楽しめるコンテンツが激増
クイックコマース	OniGo、Yahoo!マートなど	最短15分で注文の品を届けてくれる、コンビニのデリバリー特化版。倉庫型店舗に特徴あり。
家事代行サービス	CaSy（カジー）	予約、決済すべてをオンラインで済ませられ、1時間からでも請け負うタイパの良さが受け会員登録者数15万人突破
フィットネス	chocoZAP（ライザップ）	初心者をターゲットにした1日5分のコンビニジム。23年3月末までに300店舗展開予定
理容室	QBハウス（キュービーネットHD）	10分1200円のヘアカット専門店。タイパ消費の先駆者
アパレル小売り	SHEIN（シンガポール本社のSHEIN Group）	毎週新商品を発売し平均日販80万点、世界150か国以上に展開する超ファストファッションブランド
冷凍食品	@FROZEN（イオンリテール）	イオンスタイル新浦安MONA店内に国内最大級の1500アイテムの冷凍食品を品揃え
冷凍食品	GINZA FROZEN GOURMET（松屋）	百貨店の松屋銀座食品売り場に銀座の名店の冷凍食品を55ブランド350アイテム品揃え
飲料	翠ジンソーダ缶（サントリー）	家でも店で飲むような味わいのジンソーダが手軽に飲めると年間販売数350万ケース超え
乳製品乳酸菌飲料	Yakult（ヤクルト）1000	累計10億本を達成した商品。これを飲むだけで睡眠の質が高まるというクチコミが評判になり爆売れ
家電製品	STAN. 自動調理なべ（象印マホービン）	手間を省き、短時間で調理可能なほったらかし調理家電。シリーズ売上50億円突破
家電製品	スチームオーブンレンジビストロ（パナソニック）	凍ったままグリル機能など、調理のタイパをサポートすると評判で計画比300%の売れ行き
アプリ	Miles	移動するだけでマイルがたまるというタイパ抜群の無料マイレージアプリ、300万ダウンロード

出典：岩崎剛幸「〝時短したい〟若者の『タイパ』信仰が中高年にも!?　2023年も『倍速消費』がさらに拡大しそうな理由」 ITmedia ビジネスオンライン、2023年1月3日
https://www.itmedia.co.jp/business/articles/2301/03/news005.html

な生産と消費が外食産業のみならず、現代社会の生活に浸透していることを説明する概念である。

あなたはこんなシチュエーションを経験したことがないだろうか。

外出中、次の予定の前に昼食を食べたいけど、レストランでゆっくり食事する時間はない。そんなとき、マクドナルドを目にしたあなたは、「マックならすぐ出てくるし、ちゃちゃっと食べれるわ」と、足はマクドナルドに向かうこととなる。注文をしようとレジに向かうと、「いらっしゃいませ、ご注文をどうぞ」と言われ、あなたはカウンターの上に置いてあるメニューや店内のPOPに目を配るも、結局いつものダブルチーズバーガーセットを注文。会計を済ませるや否や、レジの後ろでは手際よくダブルチーズバーガーを作る担当、オーダー票を見ながら慣れた手つきでドリンクのボタンを押し、その間に完成していたバーガーをトレーにのせる担当、と分業がされている。レシートに書いてある番号を呼ばれたら商品を受け取りに行き、食べ終わったらゴミを捨てて、トレーをゴミ箱の上にのせて無言で店を後にする。

この誰もが経験したことのあるマクドナルドでの購買行動は、消費者側、販売者側それぞれの合理性の追求によって成立している。リッツアはマクドナルド化を４つの要素から説明する。

①効率性（efficiency）……タスクを達成するための最適な方法。

消費者視点：お腹が空いている状態からお腹いっぱいになるまでの最速の方法

販売者視点：分業性に基づく提供時間の最短化

提供時間の最短化に関して、マクドナルドは２０１３年に「ＥＮＪＯＹ！60秒サービス」と銘打ったキャンペーンを行った。これは会計終了後から商品提供までの時間を砂時計で計測し、60秒を超えた場合はハンバーガー類と交換できる無料券がもらえるというものだ。できたての商品をスピーディーに提供するという、マクドナルド化における効率性の本質を体現したかのようなキャンペーンといえるだろう。

②計算可能性（calculability）……目標は定性的なもの（味など）ではなく、定量的なもの（売り上げなど）でなければならないということ。

消費者視点：「質より量」「提供時間の速さ」にプライオリティが置かれる
販売者視点：消費者が質よりも時間や値段、量などを求めていることを認識している

これはリッツアの考えで、私自身はビッグマックが大好きだ。とはいえ、提供に何十分もかかるが肉汁をしっかり閉じ込めた極厚パティが挟まれているようなハンバーガーレストランと比較したら、マクドナルドでは質よりも時間や価格が優先されているという点に疑う余地はない。

③予測可能性（predictability）……サービスの標準化と均一化。
消費者視点：提供されるモノが常に均一だからこそ、当たり外れがない
販売者視点：ピクルス抜き、ポテト塩抜きなどのイレギュラーな注文以外はすべてマニュアル通りで、クルーの仕事は反復的なルーティンワークであり、予測可能である

④統制（control）……機械的技術を導入し、脱人間化すること。
消費者視点：どの店に行っても同じ購買体験ができる

販売者視点：徹底したマニュアルで、標準化された均一な従業員を育成する

メニューを眺めているのに、結果的にいつものダブルチーズバーガーを頼んでしまうのも、提供されるモノを完全に予測でき、なおかつ商品の検討や新規性を排除するという思考の効率化ともいえるのかもしれない。また、消費者が無意識にマクドナルド側のマニュアルに沿って行動している点も、「時間がないからマックで済ませよう」と考えるのも、「面倒だからいつものダブルチーズバーガーにしよう」と検討することなく注文するのも、ある意味では統制の側面を擁していると筆者は考える。

タイパはかつて「時短」だった

ここまで読んで、勘の鋭い読者の皆さんは、このマクドナルド化こそが現在のタイパ重視の市場の背景にあり、消費者がタイパに期待していることであると認識したのではないだろうか。

ショート動画視聴においては、

①効率性……「余っているスキマ時間で効率よく娯楽を消費したい」
②計算可能性……「動画の尺がわかるから、消化したい時間に合った動画を選択できる」「お金をかけなくても、数珠つなぎで次から次へと動画が提供される」
③予測可能性……「映画のような視聴後の大きな満足感や達成感ではなく、再現可能な同じようなクオリティの動画であることを視聴者は認識している」
④統制……「時間が空いたからショート動画やSNSを無意識に開くという行動がパターン化し、その行動に対して何の疑いもなく消費者はそれを享受していく」

と、視聴者がショート動画に対して期待する合理性を見出すことができる。

現在のタイパ市場では、主に効率性や合理性に焦点が置かれており、筆者が第3章でまとめたタイパの性質である、②消費結果によって、かけた時間が評価される（主に消費後）、③手間をかけずに〇〇の状態になる（主に消費対象を検討するうえでの指標）、はあまり考慮に入れられていないように思われる。

それなのに、文脈も考慮されずにタイパ、タイパと使われても、その言葉の受け手は困惑してしまうだろう。単刀直入に言えば、タイパという言葉を世の中に広めたきっかけは、

③手間をかけずに〇〇の状態になる（例：コミュニケーションのために映画視聴にタイパを意識する若者）という性質にあったのにもかかわらず、実際に市場で注目されているのは古（いにしえ）から存在する「作業の効率性」なのである。

今でこそタイパ、タイパと言われているが、その前までは「時短、時短」であった。

働き方改革の影響でワーク・ライフ・バランスへの関心が高まり、２００９年に短時間勤務制度の導入が各事業主に義務づけられると、メディアを中心に家事にスポットを当てて、労働時間の短縮（時短）を取り扱うようになった。

テレビでは２００９年10月から「1日2時間得する」のキャッチフレーズのもと、日常の家事全般に関するさまざまな効率化、時間短縮の方法を紹介する『時短生活ガイドＳＨＯＷ』（ＴＢＳテレビ）が放送され、家事の領域において「時短」という概念が長らく意識されてきた。より遡れば、１９９０年代後半には『伊東家の食卓』（日本テレビ）のブームをきっかけにメディアが日常で使える「裏ワザ」をこぞって取り上げるようになり、家電や既成商品・サービスでは解消されない家事の効率性を消費者は意識していたわけだ。

「裏ワザ」「時短」「タイパ」と言葉は変われど、その本質は変わらない。「時間効率」はタイパ市場においては特段新規性があるわけではなく、言葉を変えながら市場を喚起してきた。たしかに、「お掃除の時短」と言われるよりも「お掃除のタイパ向上!!」と言われたほうがどことなくキャッチーではあろう。

また、表1では10分１２００円のヘアカット専門店「ＱＢハウス」も挙げられている。駅ナカやスーパーなどに併設されており、スキマ時間に散髪してもらえるという点に関してはタイパの良し悪しが評価できるのかもしれないが、通常、理容室に期待されるのは技術とコストである。10分で１２００円という点よりも、10分で済んでしまえば１２００円というコスパに対して価値を見出している者が大半なのでは、と筆者は考える。

冷凍食品では他にも総菜の宅配サービス「nosh」は、２０２０年1月に約18万食だった月間販売数が２０２１年11月には約１５０万食まで拡大。リクルートが運営するインターネット予備校「スタディサプリ」の２０２０年度の累計会員数は、前年度の１１０万人から約１９４万人に増加し、その要因の一つとして倍速視聴機能が導入されたことが挙げられている。

また、テレビ業界では、トーク番組『ソレいる?六本木会議』（テレビ朝日）の２０２３年５月４日放送回で「倍速放送」が実施されるなど、本来タイパと親和性の低い業界でも、効率化や時短の側面としてのタイパの存在感は増すばかりである。

「やったつもり」になれる市場の拡大

一方で、表1のchocoZAPのように、「その状態になること」を目的とした市場も注目されている。以下に、いくつかのサービスを挙げる。

①chocoZAP

パーソナルトレーニングや日々の食事カウンセリングなどのサポートを行う「ＲＩＺＡＰ」を運営するＲＩＺＡＰグループが２０２２年7月に開始した、ライトユーザー向けの安価な無人小型トレーニングジム。

月額２９８０円で、どの店舗も３６５日24時間使い放題とコスパ的にも評価できるが、なによりコンセプトが「コンビニジム」ということもあり、服装自由・靴も履き替えずにそのままでＯＫと、ふらっとコンビニに寄る感覚で運動ができるため、着替えをわざわざ取りに行ったり、重い腰を上げてジムに行かなくても何かのついでに寄れる。

ただ、本家ＲＩＺＡＰとは異なり、トレーナーに自身の体形管理をされることがないため、痩せるという目的を達成するうえではタイパは期待しづらい。あくまでも価格が安く簡単にジムに入会した状態になるという点と、通うための手間（コスト）が少ないという点でタイパがよいといえるだろう。

②flier

「1冊10分で読める要約　ビジネスパーソンがいま読むべき本を厳選！」をコンセプトに、ビジネスパーソンや就活生を対象に良書との出会いを促進する時短読書サービス。

ビジネス書や教養書は1冊読むのに4〜6時間かかるといわれている。flierではビジネス書が10分で読める程度に要約されており、通勤時間などのスキマ時間に活用して身につけられることから、高い意欲を持つビジネスパーソンに広く利用されているようだ。

ライターのレジーが著書『ファスト教養　10分で答えが欲しい人たち』（集英社新書）で言及するように、とくにビジネスパーソンには「他人との差別化を図ることで、周りを出し抜いて生き残らないといけない」という意識があり、さまざまなジャンルの情報を大雑把にでも手早くインプットしたいという事情があるわけだ。彼らにとって教養はある種のコミュニケーションツールであり、インプットを時短化することで、コミュニケーション時のアウトプットの持ち球を可能な限り増やしたいのである。

あらためて言及する必要はないと思うが、教養やビジネススキルは、オタクの知識同様に手間をかけて積み重ねていくことで本来の価値を生み出す。しかし、「いろいろ話せる武器を持った状態にしておく」「頭のいい人だと思ってもらえるような引き出しを持った状態にしておく」「面接のために話題の本の内容を知った状態にしておく」という目的においては、10分でその本の内容がわかるのならば、すこぶるタイパがよいといえるだろう。

また、第3章で「消費に失敗したくない」というマインドが消費者にあると述べた。「せっかく読んでも必要な部分は1ページもなかった」「じっくり読んだけど自分には難しすぎてわからなかった」という読書経験を持つ者にとっては、何時間もかけて読んで身にならないという失敗をしたくないし、ましてや数千円出して買った本からまったく学ぶものがなかったら、消費したことへの後悔につながる。

そのようなリスクを考えた際に、時間も消費しすぎることなく、月々500円からサービスを利用できるのならば、タイパもコスパもいいといえるだろう。

③サビカラ

2021年12月からカラオケ機種JOYSOUNDで利用できるようになった、その名の通り楽曲の一番の盛り上がりといえる「サビ」だけを気持ちよく歌える新感覚のサービス。
第2章で述べたように、消費するコンテンツは「おいしいところだけでいい」という考えが一般的になるなか、カラオケという娯楽でも「おいしいところ」だけが求められているのだ。

たしかに友達とカラオケに行って、そこまで知名度の高くない曲を歌っている最中に友達が携帯をいじっていたり、ドリンクバーのために席を立たれてしまうことはよくある。「みんなサビは知ってるはずだから」と保険をかけてから歌う人もよくいる。なにより、Aメロ、Bメロがあやふやなまま入れてサビだけノリノリで歌うといった経験をしたことがあるのは筆者だけではないはずだ。

以前からサビまでジャンプする機能は存在していたが、「ごめんサビだけ歌うね～」と慣れた手つきでリモコンを操作していると、何か必死な感じがしてバツが悪い。一人カラオケを除けば、カラオケはコミュニケーション娯楽であり、ただただ盛り上がりの追求に特化するのであれば、サビだけを歌うということはタイパがいい選択なのかもしれない。

同時に4人以上と連絡をとり、1週間以内にデートの約束

マッチングアプリ「Omiai」の会員を対象に行われた、マッチングアプリの使い方についての調査によると、[*1] Z世代（そのうちの18〜25歳）は恋愛においてもタイパ意識が強く、同時に4人以上の相手と連絡をとっているという。

一人と長くやりとりを続けるよりは、同時進行でやりとりを行い、そのなかから気の合う人を探し、効率よくデートにつなげて恋人関係に発展させていく傾向があるようだ。

また、同調査では「マッチングアプリ内で出会った異性とデートに行く約束をするまでの日数」を聞いているが、Z世代は「1週間未満」が20％で最も高く、その他の世代と比べて圧倒的に短い結果となったという。

マッチングアプリでは「メッセージのやりとりの多さ、期間の長さ」と「交際できる確率」に相関関係はなく、長期間のメッセージのやりとりが無駄になることも珍しくない。Z世代は簡潔なメッセージのやりとりを行い、問題ない相手と判断できたらすぐに実際に会い、短期間で交際するかを判断する傾向があるようだ。

また、就職の際にもタイパ意識を持つ若者は少なくない。２０２３年4月2日の朝日新聞デジタルに掲載された「高級車に憧れて…新卒でいきなり遠洋漁船が急増『頑張れば稼げる』」[*2] によれば、宮城県気仙沼市で海の上で長期生活を送るカツオやマグロの遠洋漁船での仕事を選ぶ若者が急増しており、前年度の4倍以上だったという。

遠洋マグロ船の場合、10か月間海に出て、帰港したら50〜60日休みというパターンで、水揚げ次第では1年目でも年収500万円が可能だという。しかも、船に乗っている間は家賃や食費、光熱費がいらない。ちなみに厚生労働省「令和2年賃金構造基本統計調査」によると、大卒者の平均年収は約226万円であった[*3]。

終身雇用に甘んずることなく、転職を自身のキャリアにおいて視野に入れておくことも普通になっている。勤めている会社はおろか、仕事そのものに対するプライオリティやモチベーションが低い者も多い。そのような環境下で「頑張れば周りの同世代よりも多く稼げる」というのは仕事への十分すぎるモチベーションになるし、なにより、家賃や食費、光熱費がかからないのに、帰港したら50〜60日の休みがもらえるのであれば、そこにタイパのよさを見出す者がいてもおかしくはない。

恋愛にしても就職にしても、タイパの良し悪しを判断するのはあくまでもその当事者である。多様性が認められる社会へ前進しているからこそ、人生設計や将来のビジョンに対してタイパの概念を持ち出す者が現れても不思議ではない。

タイパ市場の落とし穴

筆者自身は、マーケットが主導してタイパ（効率性の側面）を追求することに関して、さまざまなタイパ追求商品やサービスによって私たちの労働（作業）や手間、わずらわしさが軽減し、多くの消費者の助けになっていると評価している。しかし、タイパ（手間をかけずに○○の状態になる）市場に関しては疑問を抱く商品やサービスも存在する。

例えば、東京メトロは博報堂とともに、2022年8月から東京メトロ沿線の店舗が取り扱う「商品」と「体験」をセットにした「東京○○入門BOX」を期間限定で販売していた。

東京メトロ沿線の魅力ある食の専門店と協働し、新たな体験を提供することを目指して、専門店が取り扱う「4種の商品」と、その商品の味や特徴を4象限に分類した「MAP」をセットにしたボックスが販売された。商品の魅力や産地・製法・種類ごとの違い、その商品にまつわるコラムなどが書かれたMAPを見ながら食べ比べることで、商品への理解が深まり、新たな〝発見〟につながる体験が提供されていた。

ラインナップにはチーズケーキ、紅茶、コーヒー、梅干し、はちみつなどがある。ソムリエにおすすめのワインを選んでもらうように、その道のプロが入門として勧める4つの商品を実際に楽しむ（経験する）ことができるというコンセプトは、食体験を豊かにする取り組みであり、車内広告を目にした筆者自身もつり革をつかみながら感心していた。

しかし、そのキャッチコピーに衝撃を受けた。

「たった4種類で、その世界が大体わかる。」

たしかに入門セットとして、その分野への興味への入口を手軽に提供しているという点は消費者にとって大きな利便性のあることだが、このキャッチコピーを素直に受け入れるのならば、「この4商品を押さえておけば大丈夫」ということだ。

映画オタクになりたい若者が、「何を観ればオタクになれますか？（映画を知った気になれますか？）」と他のオタクに聞いているのとその本質は何も変わらず、飛躍した言い方をするのならば、オタク側が「この4本を観とけば映画の世界がわかった気になれるよ！」といったメッセージを発しているのと同じである。もちろん、この入門セット購入をきっかけに、より探求し、より高度な経験や感動につながることを意図していることはわかるが、消費者のすべてが探求心を持ち合わせているわけではない。

情報探求に関して受動的な消費者がこのメッセージを受け取ったら、せっかく新たな経験への入口となるはずの入門セットの存在そのものが、その他の同じジャンルの商品を購入する必要を見出さない理由になってしまう。

とくに、消費に失敗したくない層からしたら、そのセットでその世界のことがだいたいわかるなら、冒険してまで他の商品を選択する動機は生まれないのである。もちろん、わざわざ車内広告を見て、サイトにアクセスし、個人情報を入力し、まあまあいいお値段のセットを買うわけだから、この商品を購買する消費者は、筆者が言うような受動的で探求心のない人のほうが少ないのだろうけど……。

お膳立てされた「ファストな経験」

これに限らず、消費者が必ずしも消費しなくてもいい商品群やサービスで、勝手に消費者のタイパ向上に働きかけるようなコンセプトや謳い文句で需要を生み出そうとする傾向が強くなったように思われる。

「〇〇の状態になる」ことへの欲求は、消費者が日常を通して生んだ願望やビジョンであり、その願望をいかに手っ取り早く達成するかという手段のためにタイパが追求される。それは誰かへの憧れかもしれないし、コミュニケーションツールとしてかもしれないし、必要に駆られてかもしれないし、そのきっかけはさまざまであろうが、そのモチベーションは自分の能動的な意識によって生み出されるものである。

しかし、市場には「これだけ知っておけばOK」といった誘い文句がその市場への導線にされることが多々ある。例えば、消費者が自ら「コーヒー　押さえておけばいいモノ」といったようにインターネット検索していれば別だが、「この4種類さえ知っていればコーヒーの世界はOK」とマーケット側から消費者にアプローチ（広告）してきたら、その消費者は別にコーヒーの世界について詳しくなりたいという潜在的な意識を持っていなくても、勝手にマーケット側から「コーヒーの世界についてだいたいわかればいいんだよね」という前提のメッセージを受けることとなる。

そして、「じゃあこっちで何個か選んどいたから！」と商品の選択肢が狭められ、勝手に「コーヒーの世界をだいたい知った状態になるための手段」というタイパを意識したセットを勧められてしまうわけだ。

言い換えれば、「あなたが手っ取り早くコーヒーについて詳しくなりたいと思ってるようなので、タイパがいい手段を用意しときましたよ^^」と言われているようなものだ。潜在的に興味がある消費者にとっては、まさにかゆいところに手が届いたような「したつもり消費」ができるわけだが、「これだけでわかるんだぁ」とその世界への視野を狭めかねない。

この言葉に筆者がすごくひっかかったのは、やはり筆者自身がオタクということもあり、その世界を極めるのに近道や裏ワザはないと考えているからであろう。

本来なら、好きだから（興味があるから）知りたい、探求したいという動機が生まれるはずだ。前出のレジーは、教養につながる知識を提供する側、提供される側の意識が金儲けをすることに特化されているような「効率的に教養を得るためのコンテンツ」を「ファスト教養」と定義した。同じように、したつもり、わかったつもり、という感覚を消費者に提供することも、「それだけでわかるなら」「そんなに手軽なら」「そんなに簡単なら」と、そのものに対する興味よりも、せっかく誰かが手軽にしてくれていて、自身は最小限の努力で達成できるから、という機会損失を防ぐことを消費の動機にさせているのだ。

コーヒーについて知らなくたって死にはしないし、日常においても困らない。コーヒーで食べていこうとしている人ならば愚直にコーヒーを勉強するだろう。市場があたかも消費者のためにお膳立てしたかのような「ファストな経験」で自身の興味関心を充足する必要もないし、自身の興味関心を「ファストな経験」で済ませてしまう必要はないと思う次第である。

「オタク」は付け替え自在な〝タグ〟になった

筆者の主たる研究テーマは「オタクの消費」である。

前述したように、従来のコンテンツを熱心に消費する「オタク」と呼ばれる消費者を定義するのならば、「自身の感情に『正』にも『負』にも大きな影響を与えるほどの依存性を見出した興味対象に対して、時間やお金を過度に消費し、精神的充足を目指す人」となる。

オタクの消費の根底には自身の精神的充足があり、消費によって安寧感や満足感を追求するため依存性が生まれやすい。だからこそ、消費しても消費しても満足できず、好きなコンテンツに対する消費を繰り返し、没入していくのである。

一方、Ｚ世代の言う「オタク」は趣味そのものを表す言葉として変化した。「自分が価値を感じたモノ・コトにお金と時間をかけること」を「オタ活」「推し活」と呼ぶことも一般的になり、日常的にも「週末はオタ活する予定」「オタ活するのが忙しい」と使われている。

しかし、筆者はオタ活が主に「する」という言葉と合わせた動詞として使われている点に違和感を覚える。オタクが内在化したパーソナリティならば、当人は常にオタクの状態であるはずだ。また、何かが好きである状態がオタクならば、オタクという言葉は一種のマインド（精神）として個人のなかで一貫しているものと考えられる。

すごく簡単に言えば、オタクはずっとオタクなのである。働いているときも、ご飯を食べているときも、トイレにいるときも、寝ているときも、自身がオタクであるということは変わらない。また、その対象のことが好きである期間は、ずっとオタクなのである。

しかし、「オタ活をする」という言葉は、自身の興味対象を実際に消費する際に使われる言葉であり、その動作（購買、視聴、イベント参加）が終わると、その「オタ活」は終わりを迎える。

「週末はオタ活する予定」は、何かしらの自身の趣味に関する予定が週末にあることを示し、「オタ活するのが忙しい」は、グッズやCDなどの発売日が重なっていたり、いくつものライブに参加予定で、時間的にも経済的にもやることや消費するコトが多くスケジュールが詰まっていることを示している。

しかし、筆者はオタクが状態を表す永続的なマインドであり、寝ているときも働いているときも常にオタクはオタクであり、オタク活動は、オタクを引退するまで終わりは来ないと考えている。しかし、オタクが人を表す総称から、興味対象を指す総称としての意味を含むようになったことで、オタクはマインドではなく、つけ外しが可能なタグのような役割も持ったのである。

そのため、興味対象を消費している、オタクとしての消費が顕在化している動作をあえて「オタ活」と呼称することで、自身のアイデンティティの切り替えや、オタクとしてのオン・オフを行っていると筆者は考えている。

推し活にもタイパの風

さて、若者のオタ活について本書とは脈略なく論じたように見えるかもしれないが、ここまで説明したことで、筆者が抱くタイパやコスパに関する疑問に触れることができるのだ。

従来の文脈で言うエリートオタク（今で言うガチヲタ）の消費やコンテンツ嗜好に対する価値観と、一人の消費者がいくつもの興味対象を持ち、その対象それぞれをオタク趣味と自認し、さまざまなジャンルやコンテンツに対して「自分はオタクです」と自称する若者文脈で言うオタクの価値観とでは、その性質は大きく異なる。とはいえ、少なからず後者においても、そのコンテンツが好きだから消費するという点は従来のオタクと違いはないだろう。

前述した通り、将来へのビジョンが見出しにくい場合、消費は現在志向になりがちになる。エリートオタクと同水準まではいかないが、カジュアルに楽しむ層にとっても、オタ活はその日その日を乗り切るための活力となり、精神的充足の側面を擁しているはずだ。それなのに、そのオタ活でもタイパやコスパを追求する者がいるのだ。

それが合理的なものなら筆者もわざわざ認《したた》めない。しかし、例えば推しが出演しているドラマや映画でどれを観るべきなのかと他のオタクに尋ねたり、好きなアイドルグループがいても表題曲（CDのタイトル曲）しか聴かず、ライブでは他人が投稿したセットリストを参考にその曲だけを予習して参加するなど他人の知見や経験にあやかる。自身で汗をかいて情報収集したり、推しが参加している楽曲や映像をすべて消費するといった、従来のオタクが当然のようにしてきたこともせず、好きなモノを好きなように消費するというスタンスが今では主流になっている。「オタクなら消費してて当然」「オタクなら知ってて当然」という「べき論」が強要されることも少ない。

さらに、マンガやアニメオタクを自称していても、そのマンガやアニメのDVDを保有している者は少なく、なかには違法アップロードされた動画を視聴している者もいる。音楽でもオタクと自称しながら、YouTubeに投稿されたものしか聴かない者もいる。
「お金を消費しなければオタクではないのか？」と聞かれたら「ＹＥＳ」とは言えないが、自分で対価も払わず、時間をかけることもないフリーライダーと、そのコンテンツに命を懸けている消費者が、同じ「オタク」として総称される点に筆者は疑問を抱いている。

ＳＮＳを利用することで気軽に他のオタクと交流することができるようになったゆえに、匿名ネット掲示板２ちゃんねる時代の「半年ＲＯＭれ（コミュニティのコンテクストを理解しろ）」や「ggrks（自分で調べろ）」といった従来のオタクたちが強いられてきた暗黙のルールをすっ飛ばして、安易に他のオタクに聞く丸投げな姿勢に対しても疑問を抱くオタクもいる。
「半年ＲＯＭれ」や「ggrks」の精神は、知りたいことはたいがい掲示板での会話に存在しているので自分で調べればわかるという考えに基づいており、安易に聞くという行為はタブーであった。なにより好きなモノに対して他のオタクに質問するという行為は、自身の無知や自身の情報探索能力の低さを露呈する行為であるため、恥ずべきことであると考える層も存在する。

そういった意識を持つオタクたちに対して、丸投げで安易に質問をするという受け身な姿勢は、「本当にそのコンテンツが好きなのか」という疑念を抱かせるのである。

このような「詳しくなければオタクを名乗ってはいけないのか」「別に熱心にオタクをやるつもりもない」といった若者たちのオタクに対するスタンスが、従来のオタクにギャップを与えている。

再三述べてきたが、オタ活や推し活をはじめとしたエンターテインメントは別に消費しなくても生きていける。そのうえで、自分が好きで消費しているのならば、その消費は能動的であるべきだと思うし、探求心や興味の幅を自ら狭めるのはもったいないと思う（余計なお世話かもしれないが）。

一方で、彼らを擁護するわけではないが、さまざまなモノに興味を持ち、その場その場で消費されていくモノが異なるのは、現代消費社会を見ればおかしなことではないだろうし、それこそ同じ対象物にしか興味を持たず、それだけを熱心に消費している者のほうが稀有だろう。これだけの情報やモノに溢れているなかで一つの興味対象だけを愛せというほうが酷だし、いろんな趣味があることはなんら問題のあることではない。また、好きなモノを消費するうえで、義務感や他人からの強迫観念に駆られてしまうのもおかしいとは思う。

熱量に関係なく人はオタクを名乗る。自身の趣味に優劣をつけ、熱心に消費しているモノもあれば、表面的で、受動的で、つながりを得ることを目的とするレベルで消費しているモノもあるのである。

「ディズニー行ったらまずすること」

このように、カジュアルにオタクを名乗る層だけではなく、多くの消費者がこれまで以上に「即時的な満足」を求めるようになり、「その瞬間を楽しむタイプの消費」が目立つようになった。

情報に溢れているということは消費したいと思う興味対象も総じて溢れているわけで、一つ一つの消費対象に固執するよりも、消費一つ一つにかかるウェイトを軽減し、スピード感や手軽さ、まさに「ファストな経験」や「ファストな消費」が求められている。

だからこそ私たちは、サブスクやシェアといった所有しない選択肢も享受するし、一度使えば満足し、まだ使用感が薄いうちにすぐフリマアプリに出品する。次使うことを考慮して購入するよりも、そのとき必要というニーズをいかに手軽に、より早く満たせるかを求めているともいえるかもしれない。

> ディズニー行ったらまずすること✍
>
> カチューシャの写真を撮ってメルカリに出す。1800円だと即売れするので帰りにコンビニから発送。どうせゴミになるカチューシャ。帰るついでに発送することで面倒くさがりさんも大丈夫。チリツモ節約法。
>
> ぎょうざのりさ（@gyozanohitodesu）2023年4月27日18:30
> https://twitter.com/gyozanohitodesu/status/1651519091470110722

これは余談になるが、先日Twitterでディズニーランドの裏ワザと称し、上記の投稿がされていた。

まさにこの投稿者は、即時的で、その瞬間のために行うという消費を体現しているといえるだろう。たしかに、日常でそのカチューシャをつけることもないし、ディズニーランドに行く仲間が常に同じわけではないから、次行くときにも同じようなモノを買うかもしれないし、それが箪笥《たんす》の肥やしになるならば、まだ市場価値があるうちに手放すのは合理的といえば合理的である。

仮に２０００円で買ったモノが１８００円で売れたとしたら、２００円で一日使えて、家で保管しなくてもいいというメリットがあるのならば、タイパもコスパもいいといえるだろう。あくまでもその日、その場所でのニーズを満たすことが目的であり、現在志向の消費の側面も垣間見ることができる。

また前述したように、とくにＳＮＳの普及によって流行やミームが誕生すると、こぞってみんながそのネタを消費することで、ＳＮＳ上には再現可能性の高い同じような消費結果が並んでいる。でも気がついたころにはそのような投稿も減少し、マスメディアがその流行について触れたときにはネットではもう下火、なんてことはざらにある。

現代の文化にまつわるムーブメントは、一緒になって瞬間的に盛り上がる集合的沸騰の形式で現れることが多く、短命で、また時空間として非常に拡散した場所で起こる。[*4]趣味にしても、日常から得られる刺激にしても、消費者の興味は移り変わりやすく、同じモノやコトに留まるのは不可能といえるだろう。

高額転売品を買う人の心理

自身の日常を振り返ってほしい。朝起きてスマホのソシャゲ（ソーシャルゲーム）のログインボーナスをもらった数分後には、電車に揺られながら好きな音楽を聴き、マンガアプリで好きなマンガを読む。帰ったら、ゲームをしながらNetflixを流し、寝る前に歯を磨きながらYouTubeのショート動画を観る。一日を通しても自身の興味は流動的に移り変わり、その場で消費すべきモノ、消費できる長さのモノを無意識に選択し、ルーティンのようにコンテンツとの接点を持っているのである。

また、朝の電車で新作コンビニスイーツの情報を入手したら、昼休みにはそれを購入し、帰りの電車ではまた新しい何かと遭遇し、その欲求を充足しようとする。私たちの興味の中心となるのは「今」であり、その「今」掻き立てられる欲求の多くは、即時的に満たされ、満たされればすぐに、「今」満たしたい別の欲求が生まれ、さっき消費したモノのことなどすぐに忘れてしまう。消費者にとってはその瞬間が満たされればいいだけだから、その消費に時間も手間もかけたくないし、旬を逃したくない。

人気YouTuberのＨＩＫＡＫＩＮが立ち上げたブランド「HIKAKIN PREMIUM」の商品として、２０２３年５月にセブン-イレブンで「みそきん」カップ麺&カップメシが販売された。発売当日は全国的に品薄となり、買えなかった消費者も多かった（筆者もそのうちの一人だ）。

消費者はその味よりも、ＨＩＫＡＫＩＮがプロデュースしたという点や間違いなく話題になるという点に価値を見出しており、そのネタの旬を逃すまいと、高額で転売されているフリマサイトから購入する者も散見された。

いる。皆さんも、最初はすごく欲しかったはずなのに、手に入らない期間が長くなるとその熱が冷めてしまったり、その後たくさん陳列されているのを見て購買意欲がなくなった経験がないだろうか。

どこで売っているかも、いつ再販されるかもわからない商品を待つことで生まれる心理的ストレスや、そもそも自分自身の興味が移りやすいことを自覚しているからこそ、「今」を逃すと他の興味に埋もれてしまうというリスクを考慮に入れ、割高でも確実に数日後には家に届いているという点がフリマアプリが選ばれる要因となるのだ。まさにコスト度外視でタイパを重視した消費といえるだろう。

他にも、YouTubeやSNSを観ていたら気になったサプリがあって、公式で買うと定期購入になったり、イチから個人情報を入力する労力が欲求に見合わず、フリマアプリで転売されているモノを割高でもとりあえず購入するといった消費行動も同様の性質を持っている。

このように、消費者の興味が次から次へと移りやすいからこそ、消費者はそれまでの消費対象から簡単に離れることができ、新しい消費対象を簡単に利用し始められる「ハードルの低さ」「手軽さ」を市場に求めているのだ。

オタ活の分散投資

先ほどオタクはマインドではなく、つけ外しが可能なタグのような役割も持ち、「今は○○オタク」と、自身のアイデンティティを切り替えると述べた。まさに趣味においても「手軽に」離れることや、「手軽に」始めることができる流動性が求められているのである。

これは趣味そのものの消費内容にも現れている。女子中高生のリサーチ・マーケティングを行うＡＭＦが発表した、２０２１年下半期に流行したトレンド「ＪＣ・ＪＫ流行語大賞２０２１」のモノ部門５位の「トレカデコ」はいい例である。

トレカデコは好きなキャラクターやアイドル、いわゆる〝推し〟のトレーディングカードをカードケースに入れて、シールやレジンなどを使ってデコレーションする行為を指す。

デコレーションしたトレカを持ち歩いて、一緒に写真を撮ったり、一緒に食事をしたりすることは推し活の定番といえる。もともとブロマイドや人形、アクリルスタンドを持ち歩き、写真に写り込ませる文化がオタクの間で成立していたが、そのなかでもトレカが若者に選ばれる理由は低コストで楽しめるという点であると筆者は考える。

これは実際に作成にかかるコストだけでなく、オタ活における心理的コストも影響している。トレカデコは100円ショップで揃う材料で作成できるため、その手軽さが人気の理由だ。複数の対象でオタ活をする若者は、そのコンテンツごとに消費を分散しなくてはならないため、一つ一つのオタ活にかかる費用が安く抑えられるというメリットがあるのである。

今は◯◯オタク、今は△△オタクといったように、オタクという性質がその場その場でつけ外しが可能なタグのような役割を持っているからこそ、彼らの趣味・興味への投資はすべて「オタ活」としての位置づけとなる。趣味や興味が多くなるほど、オタ活にかかる支出をそれぞれに分散しなくてはならないのだ。

また、従来のオタクは同じコンテンツを長く消費してきた傾向があるが、今の若者にとっては一時的ブームや興味に対してもオタクという語を用いるため、新しい興味対象を見出したら乗り換え、新たにオタクを名乗るという消費行動を繰り返していく。

このような消費文化を持つ若者にとっては、いつまで自分がそのコンテンツが好きかわからない（自信がない）のに、一つのコンテンツに対して金額を集中して支出すること自体がリスクとなる。そのため、極力低コストかつ、自身の推しに対する熱心度を表現できるトレカデコは、気軽に推しを応援できるツールなのである。

YouTubeで無料で動画を視聴したり、実際にお金をかけなくても配信サービスで推し活ができるようになった世の中だからこそ、今までお金をかけたモノやコトそのものが他の商品やサービスに乗り換える際のスイッチングコストを心理的に高める要因となり、興味の流動性を阻む障壁となってしまう。

簡単に言えば、一つの趣味に膨大なお金を投資していると、次の趣味を始めたくても、「前の趣味にたくさん投資しているから、今さら新しいことを始めたら過去の消費が無駄になってしまう」という引け目を感じるのである。

だからこそ、「オタクの状態になりたい」という動機からオタクを目指したり、精神的充足よりも帰属欲求がオタクとしてのモチベーションになっている場合、極力手間を省いたり、即時性を求めたタイパ追求型の消費になりがちなのである。

これも余談だが、筆者もSNSを利用してオタ活をするタイプのオタクなのだが、ときどき以下のような投稿を目にすることがある。

「こっちのアカウントにログインするの久しぶり！　違う界隈のオタ活が充実してるのでぜんぜんこちらの情報が追えてません」

これは言い換えれば、この趣味以外にのめり込んでいる趣味があるから、この趣味を熱心に消費していません、という宣言になる。また、「この界隈の他のオタクに嫌なことを言われて、この趣味自体も嫌になりました」などの投稿を目にすることも多々あるが、精神的充足となるコンテンツ消費のはずが他人の存在が嫌だからという理由でやめられてしまうというのも、なんとも受動的である。

SNSで複数アカウントを作ることが可能で、各アカウントを趣味ごとに使い分けることが普通だからこそ、アカウントを切り替えるという動作を可視化させることが、より趣味に対する移り変わりの手軽さを体感させていると筆者は考える。

短命、シェア、脱物質……「リキッド消費」とは何か

このような、移り気で気まぐれな消費者や市場をとらえた概念が「リキッド消費」である[*5]。

リキッドと聞いて、少しでも社会学をかじったことがあればジークムント・バウマンの「リキッド・モダニティ」を想起するのではないだろうか。リキッド・モダニティとは、社会全体が安定的で持続的な仕組みによって形づくられている固体（ソリッド）のような

状態から、特定の形を持たず、その姿を自由に変える液体（リキッド）のような状態へと変化していることを指し、「カーニヴァル化」（Ｐ１８４）はこのリキッド・モダニティを援用した概念である。バウマンに従うのならば、現代社会において「一貫性を維持すること」は困難である。

日本における「リキッド消費」の第一人者である青山学院大学教授の久保田進彦《ゆきひこ》によれば、伝統的な市場観では、消費者はモノを購買し、所有し、それを使用したり利用すると考えられてきたが、現在の市場ではモノの所有だけでなく、モノ・情報・サービスの使用や利用から得られる経験も重視するようになった。

かつて主流であった安定的な消費をソリッド消費（固体的な消費）とするならば、今日見られるようになった流動的な消費はリキッド消費（液状化した消費）なのだ。

久保田によればリキッド消費には次の３つの特徴がある。

①その時々、あるいはその場その場で価値観が次々に変わるため、製品やサービスの価値がはかなく、短命となる「短命性」

②所有にこだわらず、レンタルやシェアリングによって価値にアクセスできれば十分と

考える「アクセス・ベース」

③同じ消費生活をするために、物質に頼らなくなる「脱物質」

この3つの組み合わせがリキッド消費と定義されているという。[*6]

久保田自身は、時間が惜しいという感覚を持つ人を「時間がないから時間を大切にしたい人（時短型）」と「待ちたくない、今すぐ楽しみたい人（バラエティ型）」の2種類に分類している。そのうえで、製品やサービスが〝役に立つこと〟に価値が置かれ、ツールとしての価値を重視するバラエティ型はタイパ志向と親和性があるとしている。

時短に関しては、むしろ所有することでそのモノの使用価値から手間を省く側面が強く、リキッド消費の特徴は持ちにくいため、久保田が同じタイパでも「バラエティ型」が時短以外に親和性があると述べている点に関して賛同できる。

一方で、久保田は「時短型」を時間に追われている層、「バラエティ型」を時間に追われているのではなく自分の時間を目一杯楽しみたい層と分類している。タイパの追求は、前者にとっては消費によって時間を作ることを目的とし、後者にとっては限られた時間のなかで消費できる時間をいかに分配して得られる満足感を増やすかということを目的としていることがわかる。「時間を作ること」「時間から得られる満足度を高めること」と、タイパの目的の分類に「短縮した時間によって生み出されるもの」を用いているのだ。

消費されるのは代替可能な「手段」にすぎない

一方筆者は、「時間を作ること」と、「外部的な刺激によって生まれた、必要性はあるが主体性に欠ける消費欲求において、必要性を満たした消費結果にいかに手間をかけずに近づけるか」がタイパの目的であると考えている。筆者はあくまでも、時間の効率化と、いかに手間をかけずに特定の状態になれるかという点が、タイパ論の論点であると考えるのだ。

また、「バラエティ型」の目的は、限られた時間をいかに楽しむかであるというポジティブな視点で語られており、倍速視聴した映画やサビしか聴いていない音楽も時間を楽しむ要因（手段）としてとらえられている。久保田の言う満足感が、消費した事実ではなく鑑賞したことで得られる感動が源泉になっているのならば、タイパ追求によって消費されたコンテンツからも、「楽しみ」「喜び」などの使用価値（鑑賞）の効用が期待されているといえるだろう。

しかし、筆者の言う「手間をかけずに○○の状態になる」というタイパの側面から見ると、タイパ追求によって消費されているのはあくまでも手段である。手段度外視で映画を観た状態にすることが目的ならば、そのための手段には直接鑑賞しなくてもあらすじだけ知るという「鑑賞=消費すらしない手段」も存在しており、そこで手にしたあらすじという情報は他人のネタバレという二次情報が源泉になっているわけだ。

そのため、その映画を知った状態になるうえで、映画の使用価値そのものからの効用は一切期待していないことがわかる。映画自体をファスト映画や倍速視聴ですら鑑賞していないから使用価値を得ようがないといったほうが正しいかもしれない。

このように、タイパの追求によって消費されるモノは、手段であるがゆえに代替が利くという性質を擁していると筆者は考えている。雑に消費されていくコンテンツや、ネタバレサイトをただ読むだけでそのコンテンツを消化してしまうという消費行動を考慮に入れると、消費されたモノの使用価値がおざなりになっているというネガティブな側面を焦点に入れることもタイパ論において見過ごせない点なのだ。

さて、バウマンの「現代社会において一貫性を維持することは困難である」という所見は、現代消費社会においてまぎれもない特徴の一つとなっており、私たちの興味の流動性に強く影響を与えていることがわかったのではないだろうか。

情報に溢れ、消費したいと思う興味対象も総じて増加しているからこそ、私たちの消費へのあくなき探求心は、興味の一貫性より、興味の流動性を求めており、タイパ志向（手間をかけずに○○の状態になる）の消費は、興味から興味への移り変わりに対する心理的コストの削減や、新たに生まれた興味への熱量の維持につながるのだ。

＊１　株式会社ネットマーケティング「Z世代は『タイパ』意識で約33％が４人以上と同時進行！Z世代・婚活ど真ん中世代・40代以降のマッチングアプリの使い方比較調査！」PR TIMES、２０２３年２月１日
https://prtimes.jp/main/html/rd/p/000000128.000004974.html

＊２　星乃勇介「高級車に憧れて…新卒でいきなり遠洋漁船が急増　『頑張れば稼げる』」朝日新聞デジタル、２０２３年４月２日
https://www.asahi.com/articles/ASR416R50R3KUNHB00C.html

＊３　厚生労働省「令和２年賃金構造基本統計調査」
https://www.mhlw.go.jp/toukei/itiran/roudou/chingin/kouzou/z2020/dl/09.pdf

＊４　南田勝也「変わりゆくコンテンツ」辻泉・南田勝也・土橋臣吾編『メディア社会論』有斐閣ストゥディア、２０１８年

＊5 Fleura Bardhi & Giana M Eckhardt (2017). Liquid Consumption. *Journal of Consumer Research*, 44 (3), 582-597.

＊6 真島加代「Z世代はなぜ時間があるのに時短を求める？『タイパ消費』の実態」ダイヤモンドオンライン、２０２２年12月４日
https://diamond.jp/articles/-/313255

コラム　スポーツはタイパが悪い？

「若者のスポーツ離れ」という言葉を耳にすることが増えた。

とくにサッカーは、本来は90分間、その瞬間瞬間が生み出すストーリーを消費して楽しむことが普通だったが、最近では試合内容よりも、群衆の盛り上がりそのものから高揚感を得るような若者も増え、サッカーの試合観戦は本質的に「コミュニケーションツール」としての側面が大きくなっている。

日本代表戦後に渋谷のスクランブル交差点に人々が集い勝利を祝福し合う〝あの図〟は今や風物詩となった。ファンなのかただ盛り上がりたいだけなのかもわからない若者たちが「日本最高〜」とテレビのワイドショーやニュースで騒いでいるところを観るまでが日本代表戦（報道）のパッケージともいえるだろう。

そのなかに熱心なファンがいないとは言わないが、ドン・キホーテやAmazonで買ったと思われるその場限りの日本代表風のTシャツを着て、インタビューの後ろでピースしている人々を見ると、日本代表戦だろうとハロウィンだろうと関係なく、ただ群衆とともに盛り上がる口実が欲しいだけのように見えてしまうのは筆者だけだろうか。

　社会学者の鈴木謙介はワールドカップやオリンピックの盛り上がりを「日常生活の中に突如として訪れる、歴史も本質的な理由も欠いた、ある種、度を過ぎた祝祭」と表現し、「カーニヴァル化」と名づけている。[*1] 現代社会は、共同体や伝統や組織といった確固たる基盤が失われているがゆえに流動的であり、一方、人々は常に自身の帰属心を得る源泉を求めている。

　そして今や私たちは、確固たるコミュニティに自身を帰属させなくても、「つながりうること」で生まれる共同性によって帰属心や仲間意識を充足することが可能となった。パブリックビューイングやスポーツパブなどでの他の客との交流は、「サッカー」でつながりうることをきっかけとした瞬発的な盛り上がりによって、人々の集団への帰属心の源泉となっている。この瞬発的な盛り上がりが「カーニヴァル化」であり、まさに「その日」「その場所」

「その時間」でしか体験できない「トキ消費」の本質ともいえるだろう。

ただ、このような層にとっては90分フルで試合を観なくても、試合後にこれでもかというくらいに流れるハイライトシーンを観るだけで、盛り上がりに必要なネタは充足できるわけで（本書で言うところのサッカーを観た状態）、テレビにかじりついてすべてを観ること自体はタイパが悪いといえるだろう。

実際にフルで試合を観た多くの人が持つ、誰が誰にパスを回して、誰のドリブルがよくて、といった感想は、観ているその瞬間は心動かされるかもしれないが、結局脳裏に焼きつくのは決定的なシーン＝ハイライトとして放送されるシーンだ。コアなファンを除けば、フルで試合を観ようが、ハイライトだけを観ようが、口にするシーンは同じなのである。

もちろん、フルで試合を観ることで得られる興奮や感動、現地に足を運んだときの熱気や一体感といったトキ消費を否定しているわけではなく、あくまでもコミュニケーションツールとなる情報量の話をしているという点に留意する必要がある。

では、野球はどうだろうか。先日筆者はとある新聞の取材で「サッカーより野球のほうがタイパがいいですよね?」といった旨の質問を受けた。その記者いわく、プレーの山場がわかりやすい特性上、サッカーなどと比べてながら見が可能で、「実はタイパがよいのでは」というのだ。たしかに、詳しくない層からすれば、サッカーはゲームの動きが単調と感じてしまうかもしれないし、楽しいのはゴールが入る瞬間だけかもしれない。

一方、野球は攻撃と守りが明確に決まっていて、攻撃のときは「打つように応援する」し、守備のときは「打たれないように応援する」という、応援する側も自分が何をすべきなのか明確な点がメリハリを生んでいるともいえるかもしれない。

また、野球はチーム戦とはいえども、投手と打者の一対一の戦いとしての側面が強い。打順が決まっていて、お目当ての選手が活躍する（スポットが当たる）タイミングがわかるため、例えば大谷翔平の打席だけ観たいと思ったら、ながら見でもいつごろ大谷が打席に立つのかがわかる。彼に打順が回ったら作業の手を止め、その打席だけテレビに熱い視線を送ることができるのだ。

このような側面から見れば野球はタイパがよいといえるのかもしれないが、そうはいえない側面もある。それはプレー時間だ。サッカーは前後半合わせて90分と、それで決着がつかなければ延長戦とＰＫで勝者を決めるというフローが存在するが、野球は試合が終わってみなきゃ、試合にどのくらいの時間がかかるのかわからない。

とくに若者はそのコンテンツを消費するのにかかる時間を気にする傾向があり、映画にしてもYouTubeの動画にしても、何分で観終わるのかを事前に知ることがストレス軽減につながるようだ。そのため、彼らにとってはコンテンツのおもしろさだけではなく、何分で終わるかという点も消費する判断材料になるのだ。

試合が何時に終わるかわからないというのは、試合視聴後の自身のスケジュールに少なからず影響が及ぶ。番組表に22時に試合終了予定と書いてあるから、22時に風呂に入ろうと段取りを組んでいたのに、結局試合が終わったのは23時過ぎで寝るのが遅くなった、といった類の経験を私たちは幾度も経験しているだろう。

どちらにせよ、サッカーにしても野球にしても、TikTokやTwitterなどＳＮＳ上でハイライト動画が拡散されることが一般的となった。その投稿のリプライ欄を見れば、そのシーンのポイントやその動画に関連する過去映像、活躍した選手の裏話などがファンによって解説されていて、一連の投稿を見るだけで知ったつもりになれるし、十分すぎるほどの情報を入手することができる。

　また、ＳＮＳのタイムラインで友達が盛り上がっているときを見計らってチャンネルを合わせれば、ご丁寧にそのシーンのリプレイが流れている。テレビにずっとかじりついていなくても、得られるコミュニケーションの質は同じだと感じているのかもしれない。

　スポーツ観戦そのものがタイパが悪いというよりは、その試合のハイライトや、他の観衆が何に対して盛り上がったのかというポイントがリツイート数、「いいね」数、再生回数、コメント数といった形で計量化されるため利用しやすくなり、ノーコストで「観た状態になれてしまう」という市場環境が、相対的にタイパの悪さを演出してしまっているのだろう。

＊１　鈴木謙介『カーニヴァル化する社会』講談社現代新書、２００５年

第5章 タイパ追求の果てに

必要不可欠な消費

好きなモノ・コトへの消費は決して「必要不可欠」ではない。しかし、現代消費社会を生きる多くの消費者が、情熱を持ってその「必要不可欠ではないモノ」を消費している。その消費は日常に根をおろし、大きな意味を持っている。

第1章で述べたが、そもそも消費とは、欲求を満たすために財・サービス（商品）、空間、時間などを消耗することを指す。消費は生きていくうえで必要不可欠な行為であり、人類が誕生して以降、消費の繰り返しによって歴史は作られてきた。服を着て、モノを食べ、住居に身を置く「衣・食・住」というシンプルな行為は、誰にとっても生きていくという目的を達成するための手段であり、消費は生きることそのものである。

ルーティンとして消費がなされていた時代において、一部の有閑階級者を除けば、消費は華のある行為ではなかったわけだが、それは言い換えれば、彼らが消費していたモノが生きていくうえで必要不可欠であったことを意味する。

社会学者の間々田孝夫は著書『21世紀の消費　無謀、絶望、そして希望』（ミネルヴァ書房）のなかで、人々が消費によって実現できる価値を生理的価値、道具的価値、機能的価値、関係的価値、精神的価値、文化的価値の６つに分類している。生理的価値は、生存条件を満たすような「必要不可欠」な消費のことを指す。前述した、着る、食べる、住むといった生きていくうえで必要な消費がこれにあたる。

第１章で記したマズローの「欲求五段階説」のうち最も低次の「生理的欲求」は、最低限生命を維持したいという欲求にも続くものである。生理的価値は、生理的欲求を満たすための消費であり、最低限生命を維持するために「必要不可欠な消費」といえるだろう。

タイパの「合理性」を実現させているもの

また、「必要不可欠ではなかったモノ」が、時代の流れを経て「必要不可欠なモノ」として認識されることも普通だ。

私たちの居住空間を見渡してほしい。手で洗濯物を洗うという労働は洗濯機にとって代わられた。日本における洗濯機の始まりは、１９３０（昭和５）年に芝浦製作所（現・東芝）がアメリカの技術を導入して製造販売した洗濯機「ソーラーＡ型」といわれている。

当時は主婦の憧れだった、いわば贅沢品の洗濯機も、総務省の「平成26年全国消費実態調査」（２０１４年）を見れば、その世帯普及率は１００％近い水準に達し、現在１世帯に1台が当たり前となっている。およそ80年で贅沢品は生活必需品となり、私たちのライフスタイルにおいて「必要不可欠なモノ」となったのだ。

洗濯機・白黒テレビ・冷蔵庫は「三種の神器」、カラーテレビ・クーラー・自動車は「3C」と呼ばれて生活の基盤となった。教科書で習ったこれらの家電以外にも、一人暮らしに電子レンジは必要不可欠だし、花粉症がひどい消費者にとってはプラズマクラスターが必要不可欠だろうし、スマホやパソコンがない生活も考えられない。

私たちの生活における労働を軽減してくれたり、生活を快適にすることを目的としたイノベーションの多くは、マーケット（企業）が消費者の潜在的な欲求を解消するためのソリューションを具現化したものだ。そのような企業努力によって生み出される商品は私たちの生活にもイノベーションを起こし、労力の効率化を促進させる。

これらのイノベーションが享受されたのは、当時その言葉がなかっただけで、消費者がタイパを追求した結果なのだ。

重複するが、その言葉が存在していなかっただけで、私たちの生活を効率化・合理化させ、時間を生み出したり、手間を省くことを目的としたタイパ市場は昔から存在していた。大衆的な欲求（みんなが面倒だと思っていること）が大きなイノベーションや革新的な商品によって解消され尽くした現代消費社会においては、時短によって合理化しようというマーケットの働きかけが、大衆の抱く欲求により細分化されている。

効率化を追求した市場のほとんどがタイパ市場と表裏一体で、消費者が日常で抱くちょっとした不便さやわずらわしさをいかに解消するかという企業努力は、結果的に消費者のタイパを向上させる。それに伴い、消費者にとっては「かゆいところに手が届く」を通り越して、「え？　それはやりすぎだろ」「そんなことまで他の消費者は面倒がっているの？」と疑問を抱く商品が現れたのも確かだ。

例えば多くの消費者に〝コロコロ〟と呼ばれている粘着クリーナーは、掃除機や掃き掃除、雑巾がけの手間を省き、気軽に掃除できると人気だ。それ自体が便利で、私たちの生活を効率化してくれるにもかかわらず、今ではどこで自分が粘着シートを切ったかわからない、なかなかシートがはがせないという問題を解決するために、らせん状のテープにしたり、切り取り線をつけたり、捲り口にビニールテープを入れてスパッと切れるものまで存在する。

このマイナーイノベーションは、意識はされていないが、はがしやすいというメリットと同時に、はがしにくく、もたついてる時間を短縮させるメリットも提供しており、結果的にタイパ向上につながっている。

他にも、洗濯ネットのなかにはリバーシブルで使用できる「両面使える洗濯ネット」なるモノが存在している。ファスナーがリバーシブル対応のため、消費者は表裏を確認せずとも衣類をそのなかに入れて、閉じることができるわけだ。たしかに便利だが、私たちは袋の裏表を確認する時間が惜しいほど、時間に追われているのだろうか……。

どちらにせよ、本書で挙げたタイパの定義の「合理性」の側面は、企業が消費者の要望・ニーズを理解し、商品を開発し、市場に出す「マーケットイン」によって実現しており、「さすがにそれはお膳立てされすぎだろ」と思う商品やサービスがあるのは確かだ。しかし、時間やタスクに追われている消費者の生活に、少しでも余裕が生まれるのならば、企業がそれを販売し、消費者がそれを購入してタイパを追求するのは合理的といえるだろう。

消費の中心となった「必要不可欠ではない消費」

現代社会においては、ただ栄養を補給するという目的はとうに達成されている。ただカロリーを摂取することではなく、食事から得る喜びやおいしいという感情、好きなモノから得る幸福感など、精神的に満たされることで人間らしい健康な生活を送ることも前出の生理的価値に含まれている。

ＷＨＯ（世界保健機関）は、健康とは怪我や病気をしていないというだけでなく、精神的にも、社会的にも満たされている状態と定義している。生理的価値を健康を維持するものととらえるのならば、生理的欲求を満たすだけではなく、「必要不可欠ではない消費」もすることで、人間らしい生活につなげることも含まれるだろう。

消費することで快楽を追求する価値にウェイトは置かれ、消費することが社会における関心事の中心になった大衆消費社会において、少なからず日本では、一部を除けば、生理的欲求を満たすための「必要不可欠な消費」を実現している。

自分の好みの食べ物をお腹いっぱい食べ、寒さ暑さを凌ぐという使用価値よりもデザイン性やブランドを重視した服を選び、のどが渇いていなくてもスタバで新作のフラペチーノに舌鼓を打つ。私たちの消費における関心事は、今や生命維持ではない「必要不可欠ではない」側面なのである。

筆者は、私たちが追求する「必要不可欠ではない消費」には2つの側面があると考えている。一つずつ、詳しく論じていきたい。

「必要不可欠ではない消費」の1つ目は、「外部刺激を受けて必要に駆られる消費」である。

WHOの定義にもあるように、社会的に満たされることも健康な状態を維持する要件となっている。社会的に完全に良好な状態とは、主に対人関係でも、社会と自身の接点でも満たされた状態であり、私たちの健康は人々と良好な関係を築いたり、世間に取り残されているという感覚を抱かないことで成立するわけだ。

社会的に満たされた状態を追求する手段として、私たちは消費を行う。本書で挙げたコミュニティの協調やつながり意識を求めて消費されるコンテンツは、まさにそのいい例である。私たちのコミュニケーションはコンテンツをベース（媒介）に行われていることがほとんどだ。そのため、自分に興味がなかったとしても、他人と良好な関係を築くためにコンテンツをタスクのように消費する必要があるのだ。

間々田によれば、他者は自分とつながり、交流し、喜びや楽しみをもたらす存在として消費者と関わりを持っており、それを「つながり消費」と呼んでいる。

消費によって実現できる6つの価値

前述した通り、間々田は消費によって実現できる価値を生理的価値、道具的価値、機能的価値、関係的価値、精神的価値、文化的価値の6つに分類している。前述した生理的価値を除いた5つの価値について簡単に触れようと思う。

①道具的価値……消費財（物質）が人間の身体的機能を代行・補完して目的を達成することができる価値。消費の豊かさとは道具的価値によって達成されるさまざまな機械類や道具類を所有することにあり、消費財を通して身体的疲労の軽減、労働時間の削減、費用の節減などが達成される。

②機能的価値……道具ではなく、サービスによって労力や手間を省く手段としての価値。清掃サービスやクリーニング、警備、引越しサービスなどがこれに含まれる。道具的価値にしろ、機能的価値にしろ、何かしらの消費財やサービス、あるいは消費行為が消費者の目的達成にとって「明確」な手段的役割を果たす価値のことを指している。本書のテーマであるタイパによる合理性や省力の追求は、この道具的価値や機能的価値の追求が根底にある。

③関係的価値……消費財や消費したサービス（経験）が発信するメッセージから人間関

係に影響を及ぼす価値。ここで言う関係性とは、他人に対する同調意識や非同調意識を指す。私たちは消費財（サービス）を通して、みんなで同じ消費行動をとったり、周りから外れないように消費によって足並みを揃えようとする。一方で、人と被らないように、目立つためにと、他人との差別化を目的に消費を行う。

関係的価値が発信するメッセージというと、なんとも漠然としているが、私たちの身の周りにはこのメッセージが主に記号として溢れている。

例えばアメリカの経済学者ソースティン・ヴェブレンが著書『有閑階級の理論』のなかで言及した「顕示的消費（見せびらかしの消費）」は一般的に定着している言葉のように思われる。ブランド品や高級な腕時計を自慢し、自身が裕福であると発信する行為は、ブランドという記号を通して他人にメッセージを送っていることとなる。

また、社長らしい車、高級なレストラン、セレブ御用達の美容院といった、特定の消費行為によって自身の属性を発信することもある。関係的価値の追求によって自身のステータスを示したり、帰属欲求を充足しようとする消費は、社会的に満たされた状態を追求する手段の一つといえるだろう。

④精神的価値……消費を通じて精神的満足が達成される価値。

⑤文化的価値……精神的価値から、例えばギャンブルや大麻などの社会的に好ましくないものを除いた価値。現代消費社会におけるほとんどの消費対象に文化的価値は存在する。

文化的価値がもたらす精神状態としては、喜び、楽しさ、興奮、驚き、感動、脱日常感、懐かしさ、解放感などが含まれる。これらを充足するモノとしては、書籍、雑誌、映画、マンガ、音楽、遊園地、ゲームセンターなどありとあらゆるコンテンツがこれにあたり、私たちはこの文化的価値を消費することで娯楽性を見出している。

生理的価値を含むこれら6つの価値は、消費そのものによって価値が見出される。生理的価値は消費されることで生存を維持し、機能的価値は消費されることで人間の能力を代替する。人間関係に焦点が置かれる関係的価値においても、消費の目的は他人との同調や差異、優劣といった階層を示すことにあり、消費すること自体が実現に結びついている。

一方で、文化的価値も精神的価値も、消費することでなんらかの精神的充足を求めるという点では一致している。

おしゃべりするために注文されたドリンクバー

間々田は、これら6つに分類されない消費の存在も認めている。その一つが「つながり消費」をはじめとした「交流的価値」である。

映画一つとっても、一人で観るよりも誰かと観ると、映画そのものから得られる臨場感や楽しさといった快楽とあわせて、感想を共有するという楽しみも創造される。一人でなく他人と分かち合うことで楽しさが増大するため、文化的価値は交流的価値とともに追求されることが多い。

交流的価値とは、消費を媒介に他者とのつながりを持ち、交流を通して喜びや楽しみを追求することを指す。文化的価値は消費者一人でも成立するが、交流的価値は他者とのつながりなくしては成り立たない。

簡単に言えば、文化的価値は人と交流が苦手な人や個人的に趣味に没頭する人でも実現できるが、交流的価値は誰かがいないと成立しないわけだ。つまり、家でおしゃべりをするという行為でも最低限の交流的価値の実現が可能であるため、必ずしもお金を支出しなくても実現できるという性質を持っている。

また、文化的価値と交流的価値は、同時に実現される一方で、おおむねどちらかの価値が主たる目的となって消費される。

例えば、読者のなかにも、お腹が空いているから外食しようと思ったが一人だと味気ないから誰かを誘った、という経験があるのではないだろうか。この消費行動を文化的価値の側面から見ると、食事・サービスという文化的価値を実現するために（一人でも行ける）ファミレスへ友達と一緒に行くことで、おしゃべりするという交流的価値が創造されたことになる。

あくまでも文化的価値の実現が目的で、交流的価値は付随して実現されたといえるだろう。簡単に言えば、食事のついでに会話が生まれているわけだ。

一方で、友達に愚痴を聞いてもらいたいからファミレスに呼び出したり、友達とショッピング中に休憩するためにファミレスに入り、とりあえずドリンクバーを頼んだという経験があるのは筆者だけではないだろう。

この消費行動を交流的価値の側面から見ると、おしゃべりをするという交流的価値の実現のためにファミレスに集まって、とりあえずドリンクバーが注文され（文化的価値を消費)、交流的価値の実現のついでに文化的価値が消費されていることとなる。簡単に言えば、会話をするためにドリンクバーを頼んでいるわけだ。

このとき、交流的価値にとって、消費は何の意味があるのだろうか。一つ一つの行動の意味を嚙み砕きながら考えてみよう。

①ファミレスでしゃべるためにはドリンクバーを注文しなくてはいけない(何か注文しなければ滞在できない)
②しゃべるという行為自体にドリンクバーそのものは必要ではない(おしゃべりをするために、〝しゃべるという行為に必要ではないドリンクバー〟の消費が生まれる)
③しゃべるという最低限の交流的価値はどこでも達成できるのに、交流的価値の実現に〝不可欠ではない〟ドリンクバーという消費が発生している(家でも交流的価値は実現できる)
④本当はどこでもおしゃべりできるのに、ファミレスというお金がかかる場所をあえて選んだから〝不可欠ではない〟ドリンクバーを注文する必要性が生まれた
⑤このドリンクバーの注文は、おしゃべりするという目的を、必要ではない方法で達成

したために生まれてしまった消費である

言い換えれば、交流的価値にとって消費は、消費を伴わずとも最低限の価値は充足されるという前提を認識したうえで、より高次な価値が期待されて発生したものにすぎないのである。

ここでは本質を理解してもらうためにあえて極端な例を出したが、交流的価値も私たちの精神的充足を促す大事な消費であり、「不可欠ではない消費」とは考えていない。

主体性はないが役に立つ

交流的価値の追求のために注文されたドリンクバーの例を頭に浮かべながら、コミュニティの協調や、つながり意識を求めて消費されるコンテンツについて思い返してほしい。

現代消費者のほぼすべてが、実社会、オンラインにかかわらずコンテンツの消費が前提でコミュニケーションがとられる経験をしている。ファスト映画を含むタイパ重視のコンテンツ消費においては、自身が興味なくてもコミュニケーションツールの機能を期待されることが多く、その消費の目的は自身の精神的充足や文化的価値による娯楽性の追求ではなく、「交流的価値」の追求にあるのだ。

このことから言えるのは、交流的価値を目的としたドリンクバーにしても、映画にしても、その使用価値から得られる効用を期待しているわけではなく、その消費をきっかけに人々と良好な関係を築きたいという欲望があるということだ。自身の精神的充足に起因しているわけではなく、「外部刺激を受けて必要に駆られた消費」なのだ。

その消費が自身の精神的充足につながるのならば、主体性を持って行われるが、他人との交流のためという、消費によって生まれる副次的な効用自体が期待されているため、いかに手間を省けるか、いかにコストを抑えられるかというタイパやコスパが追求されてしまうのである。

このような消費ではレジーの言う「ファスト教養」や筆者の言う「ファストな経験」が求められており、主体性はないが「役に立つ」ことが期待されているといえよう。

また、社会的に満たされているという感覚は、世間に取り残されていないと実感することでも充足される。私たちはその対象に興味がなくても、その商品が世の中の話題になっていたり、「流行になっている」ということそのものが、潜在的にその対象に興味を持つきっかけとなることがある。これは、その商品やサービスが社会的に広く消費されていたり、流行の対象であるというコンテクストが社会的に成立することで、その対象（世間の関心事）を消費することが世間との接点となるからである。

だからこそ、流行に遅れることを恐れたり、流行を追いかけることが人々の関心事になるのである。流行の消費は外部的な刺激によって生まれる消費欲求であり、消費者は、その商品から得られる使用価値ではなく、旬を逃さずに世間との接点を持ったり、流行を消費することで生まれる交流的価値を期待している。

一方で流行やネットミームの移り変わりは速く、またＳＮＳは再現可能性の高い消費で溢れていることから、わざわざ自身で消費する必要があるのかを探究し、他人の投稿から「したつもり」になったり、極力お金をかけずに流行に乗ろうとコスパを追求することもある。

また、前章でＨＩＫＡＫＩＮがプロデュースした「みそきん」を例に挙げたが、旬を逃さないためにわざわざ高価格で転売されているモノを購入し、タイパを追求する者もいる。あくまでも目的は世間との接点にあり、また人々の興味や関心も流動的に即時的に消費されるからこそ、流行への消費はその消費一つ一つから得られる効用よりも、「消費したという状態」が求められるのである。

よりヘルシーな、より珍しい、よりおしゃれなモノを

「必要不可欠ではない消費」の２つ目は、「消費した使用価値によって精神的充足につながる消費」である。

ＷＨＯの健康の定義でも、精神的に満たされた状態を健康の要件としている。

私たちは、消費を通じて精神的充足を実現しようとする。オタクはそのいい例である。自身の好きなモノを消費することが自身にとっての大きな関心事となり、それによって安寧感や居心地のよさを生み、精神的な満足や幸福感を生み出す。言い換えれば、消費した使用価値が直接精神的充足につながっているわけだ。

オタクのようなコンテンツ消費に限らず、食べ物一つとっても、生きるために食べるという目的は社会全体で達成された。そのうえで、よりヘルシーなモノを、より珍しいモノを、よりおしゃれなモノをと、食べることに付随する「何か」によって欲求が満たされるようになり、食べることが好きな人にとっては、食べることが精神的充足になることもある。

また、さきほど挙げた「交流的価値」のように、人とのつながりが精神的充足につながる消費も存在する。例えば、大切な人との食事や外出は、その人と過ごす時間そのものが

精神的充足につながる。また、頑張って合格した大学の卒業式には感慨深さがあるだろうし、憧れの結婚式には自分のしたかったことをすべて詰め込んでみたいと思うだろう。

自身にとってのライフイベントや人生の転換期などに、人は何かを達成したり、思い入れがある事柄に対して慈しみや愛しさなどの自分だけの価値を見出す。それに伴う支出や計画にかける時間も、精神的な充足につながる消費なのである。

じゃないモノ消費

ここまでを整理すると、「必要不可欠ではない消費」には、交流的価値の創造を目的とした①「外部刺激を受けて必要に駆られる消費」と②「消費した使用価値によって精神的充足につながる消費」があり、生きるという目的が達成された現代消費社会において、私たちはむしろ「必要不可欠ではないモノ」を熱心に消費しているのだ。

そのなかでも、消費が直接効用を満たすのではなく、交流するためのネタとして求められている①「外部刺激を受けて必要に駆られる消費」においては、そのネタを用いて「コミュニケーションがとれる状態になっておく」ことがその欲求の本質にあり、その手段はさまざまだ。

第3章で「コンテンツを観た状態になっておく」という目的を達成するうえでの手段を例に挙げたが、じっくり視聴することは時間もコストもかかるためタイパが悪く、あらすじやネタバレで内容を知ることはタイパがいいわけだ。その消費によって直接満たされるわけではないからこそ、手間や時間を省くことが求められ、世の中における時短以外のタイパの側面はおおむね①「外部刺激を受けて必要に駆られる消費」といえるだろう。

一方で、②「消費した使用価値によって精神的充足につながる消費」は他人を顧みないで生まれる、主体性のある消費であり、他人がどんなに無駄な消費だと思っても、自分さえ価値が見出せればそれでいい。そのため、手間や時間を省くタイパや、人によってはタイパ度外視でその消費対象に没頭することもあり、コスパすら検討されないことも普通である。

①「外部刺激を受けて必要に駆られる消費」は、欲求の充足が他者（社会）の存在によって見出されるため、その消費の使用価値に重きを置かれない。ということは、本来必要じゃないけれども、交流するためのツールとしてしょうがなく消費される「必要不可欠ではない消費」であり、本人にとっても必ずしも必要「じゃないモノ消費」なのだ。

そのため、消費者が合理的に行動するのならば、消費に対して慈しみや愛しさすら感じることができる②「消費した使用価値によって精神的充足につながる消費」に高いプライオリティが置かれるべきなのだが、実際そういうわけでもない。

ＳＮＳの普及により、私たちは日々大なり小なりの流行が生まれていることを知り、友達と共有するためにあまり興味がなくてもそれを消費することに熱心になる。

さらには、コミュニケーションを目的としたコンテンツ消費とは別に、広告やマスメディアの情報から刺激を受けて手を出したスマホゲームや、無料ということだけが魅力のマンガアプリ、惰性的に観ているドラマなど、自分に課したノルマの達成のために、消費しなくてはいけないコンテンツを消化することに躍起になって、「じゃないモノ消費」がルーティン化していることもある。

その結果、推し活をはじめとした自分にとって唯一無二の価値の消費すら、ルーティンと化した「じゃないモノ消費」のなかに埋もれ、おざなりになっていく。たしかに他人と交流することや、世情を追いかけることは、自身の健康における社会的な充足感の追求につながる。また、そのようなつながりが与える安寧感が精神的な充足につながることも確かだが、「交流的価値」を媒介とせず、直接自身の精神的充足につながるような唯一無二の消費は、大切にされるべきだと筆者は考える。

モーメント消費

しかし、そんなことをわざわざ言われなくても、私たちは自分にとって何が大事かはわかっている。コミュニケーション（交流的価値）のために倍速視聴や、ファスト映画、ネタバレサイトを見ても、自分が楽しみにしていた映画や、ずっと購読しているマンガの新刊は絶対にネタバレを踏まない。好きな画家のギャラリーに足を運び、記念にポストカードを買う。好きな小説家の出身地（聖地）に赴けば、すでに持っている文庫をあらためて購入する。

譲れないモノに関して私たちは、ずっと心待ちにするし、買う場所にさえ意味を見出すし、買った場所で記念写真を撮るし、ＳＮＳに投稿するし、大事に保管する。消費者は、消費プロセスを含めて大事なモノである（特別視している）ということを意識し、その消費から生まれるストーリーを大切にしたいのだ。

第３章で、若者が興味対象を消費する際、自分にとって特別なモノに消費をするという意気込みを「オタ活」という言葉を通して発信していると述べたが、私たちも精神的充足となる消費対象への消費が顕在化している動作を強く意識しているわけだ。

このような消費を、本書では「その消費の瞬間を大切にする」という意味合いで「モーメント消費」とでも呼ぼうか。タイパの追求によって消費されるインスタントで即時的な「ファスト教養」や「ファストな経験」とは対照的に、「モーメント消費」は消費過程すらも慈しむことができる対象を消費することとでもいえるだろう。

それぞれ同じ「必要不可欠ではない消費」なのだが、かたや消費に対してタイパを追求し、消費過程を省力する傾向があるが、もう片方は手間を惜しまず、その対象の消費過程すらも自身を満たす要素となり、正反対の性質を持っているといえるだろう。

SNSで加速するタイパ志向

時間は有限で、お金では買えない価値がある。また、そのお金も有限で、支出できる額には限度がある。バブル期のように湯水のごとく浪費していた時代や、インターネットやＳＮＳが普及する前の情報ソースや情報量と比較すれば、お金を使うことに対して消極的になるし、時間を消費したい対象も膨大だからこそ、保守的になっていく。

現代消費者が消極的になってしまうのは、お金にしても時間にしても「かけてみたけどつまらなかった」「役に立たなかった」という消費結果が出た際に、消費したことで「損が生まれた」と再解釈してしまい、「損しないこと」が消費を決定する際の大きな指標となってしまっているからだ。

あわせて、SNSは多様な価値観を可視化させ、以前では社会的に享受されなかった考えや思想、価値観も受け入れやすくなる土壌を生み出したが、従来の価値観に対して疑問を投げかけやすくもなった。

それにはいい側面もあるが、一方で従来の価値観にそこまで疑問を持っていない保守派のユーザーにも、拡散機能によってそのような投稿がリーチしてしまい、何の疑問も抱いていなかった自身の価値観やプライオリティに疑問を生むきっかけを作りかねない。

例えば「結婚はコスパが悪い」とか「大学に行くことはタイパが悪い」といった内容を影響力のあるユーザーが投稿して幅広くその価値観がリーチし、リツイート（現・リポスト）や「いいね」の数、コメント数などによって、多くの人がその考えに賛同しているように見えると、自分の考えはマイノリティ（少数派）のように思えてしまう。

Twitterでいえば、一般的に「バズった」とされる基準は、1～3日の短期間で1万以上のリツイート数と「いいね」数を獲得するのが目安とされているようだが[*1]、実際そのような考えを持っている人が世の中全体のたった数パーセントだとしても、リツイート数が1万を超えていたら、「すごくバズってるな」「共感されているんだな」とそれが大衆の総意かのように錯覚してしまっても致し方ない。ＳＮＳ漬けの生活を送っていたり、ＳＮＳが情報ソースの中心になっていればなおさらだ。

大多数から共感されているという錯覚は、自身の価値観やプライオリティに疑問を生むには十分すぎる要因となるだろう。そのなかで、過剰にタイパやコスパが追求されることが美徳のようにＳＮＳで扱われていたら、その対象への消費に対しても疑問を生むきっかけとなりかねないのだ。

本当に新しい価値観として腑に落ち、自身の指針となるのならばなんら問題はないが、「大多数がそう思っているから」「大多数がそうしているから」という理由で自分の価値観に疑問を生んでしまうことは合理的とはいえないだろう。

また、消費で損したくないという志向は「答えを早く知りたい」「近道が欲しい」という感情を生み、この感情は現代消費社会の潮流になりつつある。

本書で挙げたタイパの代名詞ともいえるファスト映画やネタバレ動画に限らず、人のレビューを探して購入を決めたり、Twitter のリプライ欄に溢れた誰かが投稿した補足情報を参考にしたり、YouTube のコメント欄を見てハイライトや動画のあらすじを探そうとする。

人々は、そのような情報がそこに集約されていることを期待しているし、誰かがその期待に応えてくれることも知っている。そのような形で私たちは日常的に「まず答え」を求め、消費における失敗のリスクを避けようとする。

インスタントな共感

答えといえば、昨今では極端な成功例、極端なライフスタイルをあたかも汎用性のある正解かのように断言するアカウントが増えている。彼らの成功を否定はしないが、あくまでもそれは当人が成功した1ケースにすぎず、その経験を無責任に他のユーザーに勧めているだけなのだ。しかし、すぐ答えが知りたい、近道を知りたいと考える消費者が多いからこそ、そのようなアカウントに需要が高まり、タイパ志向の消費者に刺さる。

便利な情報が簡単に手に入る時代だからこそ、表面的なタイパだけを考えれば、素性の知らない自称インフルエンサーが加工した情報で十分かもしれないが、本来は信憑性《しんぴょうせい》や情報の品質、情報の真意など、「一次情報」からしか得られないことも多いはずだ。しかし、それが汎用性があろうがなかろうが、その投稿者が本当にその領域で専門的な知識を擁していようがいまいが、労力を使わず、何かした気になれたり、何か知った気になれれば十分なのだ。

そこで労力を使わず情報が得られて、かつその情報が何かしらの近道や答えならば、タイパのよさを感じて、そのようなアカウントや情報の出し方が支持されてしまうわけだ。また、さまざまなＳＮＳの投稿で自身の感想や意見と同じような考えを持っている人がいないかを探し、共感や帰属意識をインスタントに得ようとしたり、違法アップロードの動画に対して「ありがとう」のメッセージとともに自分の意見を共有したり、著名人の訃報の投稿を見つければ、他人のお悔やみのメッセージを読みながら自身もその悲しみに浸る。

第４章のコラムで述べた通り、私たちは確固たるコミュニティに自身を帰属させなくても、「つながりうること」で生まれる共同性によって帰属心を充足することが可能となった。日常生活のなかに突如として訪れるスポーツイベントやパーティーなどで瞬発的な盛り上がりを感じることが人々の集団への帰属心の源泉となっており、この瞬発的な盛り上がりを「カーニヴァル化」と呼ぶわけだ。

これほどまでにＳＮＳが普及した社会では、このカーニヴァル化においても実体的な消費や移動、集いを伴わなくても、ＳＮＳにおけるインスタントな盛り上がりで、共感したり、感動したり、帰属心さえも充足できてしまう。人々の社会的な充足感すらもタイパの側面から垣間見ることができるのだ。

生きることはタイパが悪い

消費者の「損したくない」という価値観に対して、外部からの刺激が「答えを知りたい・近道が欲しい」という需要の加速」「無駄なモノは悪」「情報の信憑性よりも大多数がそれを支持しているかを重視」という志向を強める。昨今では前述したように、大学、恋愛、結婚、子育て、それに伴うイベントに対して「タイパ」や「コスパ」が悪いといった意見も散見されるようになった。

もちろん、一人で生きていけば、費用も時間も一人分で済むが、他人と生活することはコストがかかる。また、大学をただの就活予備校として見るのならば、入社後の給与水準が昔よりも期待できない場合、第4章で挙げたように、しっかり働いて、しっかり稼いで、しっかり休むといった遠洋漁業のような働き方のほうがタイパがよく、大学に行くこともタイパ・コスパが悪いと判断されてしまっても致し方ない。

読者の皆さんも感じていると思うが、生きるということはそもそもタイパやコスパが悪いことが多い。しかし、だからこそ予測不可能な連続性をこなしていくことそのものが人間らしさであり、生きていく業《ごう》であると考える。

もちろん、このような考えが持てるのは自身が生理的にも精神的にも満たされているからであり、さまざまな理由でそのような境遇に現在身を置いていない人にとっては、このような考えこそ綺麗事であるということは十分に理解している。

一方、お金さえかければ、私たちの身の回りにあることはたいがい効率化でき、道具的価値や機能的価値に支出することで、自身の労働を道具やサービスに委託することができる。時間に追われた生活のなかで、時間を短縮できたり、労力を省けるならば、大いに活用し、可能な限り自分のための時間を作るべきである。

また、「○○の状態になること」を目指したり、「したつもり」になったり、「ファストな経験」を求めたり、他人に何者（オタク）であるか示すことに注力するなど、交流的価値の追求においては「じゃないモノ」が消費される。それらは主体性を持って消費をしないからこそ、タイパが求められているのだ。

これも、ファスト映画などの著作権を侵害した違法な行為を除けば、彼らの目的は消費による直接効用ではなく、それぞれの目的を達成するうえでの手段なのだから、そこに愚直に時間やコストをかけずにタイパを追求し、その時間の余剰が自分のため（精神的充足につながる消費）に使われれば、時間を短縮したことに意義が見出せる。

しかし、労力の時短にせよ、「じゃないモノ」の消費にせよ、何をどれだけ、どのように、どのくらいのコストをかけてタイパを追求するかは、その人の経済力、時間の余剰、自身の身体的能力など、その人が身を置く環境（状態）と、その人がその消費に対して「タイパ」を追求する必要性を見出しているかどうか、という2つの要件が関わってくる。

洗濯機を使わずに洗濯することも、ダイエットにじっくり時間をかけることも、もともと興味がないドラマを勧められても時間をかけて全話視聴することも、それに対してどの程度尽力するのか、どの程度効率化を目指すかのイニシアティブは常に消費者側にあるのだ。

言い換えれば、タイパやコスパの追求も消費者側に決定権がある。だからこそ、オタ活で興味対象全般を消費するのではなく、手間やコストを省くこともあれば、節約した分ライブに直接足を運び、そこでその瞬間を満喫するという決定もする。また、前述した通り、譲れないモノに関して、私たちは消費プロセスを含めて大事なモノである（特別視している）ということを意識し、その消費から生まれるストーリーを大切にしたいのだ。

誰のためにタイパを追求するのか？

私たちは、「無駄な時間を削減したい」と思うときと、「過ごしている時間を少しでも長引かせたい」と思うときがある。東京─大阪間を移動する際、鈍行を使っても、新幹線を使ってもその目的は達成できるが、移動という無駄な時間を省けば省くほど余剰が生まれ、他のことにその時間を使えるようになる。

一方、旅行や休日、好きな人とのデートや睡眠時間に至るまで、自分にとって心地のよい時間に対しては、「この時間がもっと続けばいいのに」と時が進んでいくことを恨む。社会学者の鈴木謙介は、このような消費に関わる時間のうち、消費者にとって無価値な時間をできる限り減算することで時間の価値を高めることを「減算時間価値」、価値のある時間をできる限り加算することで時間の価値を高めることを「加算時間価値」と呼んでいる。

家事や労働を効率化するタイパや、ある状態になるために行われる「じゃないモノ消費」に対するタイパの追求は減算時間価値の追求で、必要不可欠ではない消費のなかでも「モーメント消費」や精神的充足につながるオタ活などの消費は加算時間価値の追求といえるだろう。その時間を減らしたいか、増やしたいかというだけの単純な話のはずなのに、精神的価値とあわせて社会的な充足感を追求する私たちは、情報共同体で生きていくために情報強者にもなる必要があり、「じゃないモノ消費」をするために、本来は加算時間価値の対象であるモノについてもタイパを追求してしまうのだ。

　残念ながら、手元にいつでも大量の情報を追いかけられるデバイスがあるため、人とつながるための情報を常に貪ることができてしまう。そのせいで、大事な人と一緒に時間を過ごしているその瞬間にさえ、その人の顔ではなく画面を見つめている。孤独にならないために情報を取得しているはずなのに、その情報を収集するために孤独になっているのである。なんとも非合理的ではないだろうか。

　また、タイパやコスパなどによって、効率化や省力化が強く意識されるようになったが、そこで省力されたモノ（時間・お金）は、自分にとっての精神的充足に使われるべきで、決して「じゃないモノ」を消費するために、「じゃないモノ」を効率化することは合理的とはいえないはずだ。

　私たちは、その省力されたモノで、最高の瞬間にお金をかけたり、大切な人と過ごす時間を増やしたり、じっくり自分の好きなモノと向き合うために使いたいのではないだろうか。

もちろん前述した通り、人生におけるさまざまなライフイベントや大切な人との時間は、タイパやコスパが悪いように見えるかもしれないし、実際にSNSによってそう考えている人（そう錯覚した人）が多くいるように見えるかもしれない。

しかし、どんなにそれっぽい理由が並べられていても、イニシアティブを持っているのはあなただ。じっくり恋愛したければすればいいし、一人でいるよりタイパやコスパは悪いかもしれないが、結婚や子育てによってかけがえのない家族や思い出を作ることができる。結婚式だってたった数時間で終わってしまうかもしれないが、小さいころからの憧れなら、人生をかけてやってみたかった夢が達成できるわけだし、可能な限り自分の理想を追求するべきだと思う。

大学だって、筆者自身も大学・大学院と合わせて12年在籍し、タイパはめちゃくちゃ悪かったのかもしれないが、そこで研究していた時間が人生で一番充実していた時期だったし、その時代があったからこそ、今本書を執筆している。

「その消費って何の役に立つの？」とその消費が生み出すモノ（結果）に対して実益を求めすぎる者もいるが、私たちの消費の中心はどうせ「必要不可欠ではない消費」ばかりだ。

だから、「大学行ってどうするの？」「結婚式を挙げて何の意味があるの？」と他人から消費したことで得られるモノの答えをすぐに求められることを気にしたり、目先の費用対効果や他人の価値観に振り回されることは、「誰のためにタイパを追求するのか」、はたまた「誰のために消費する（生きている）のか」という話そのものなのだ。

自分にとって精神的充足になるならば消費すべきだし、自分にとって大事なイベントや叶えたい夢ならば他人にどう言われようが追求すべきだ。そのような消費を増やすために、「じゃないモノ」への消費を効率化することこそが、現代消費社会におけるタイパ追求の意義であると筆者は考える。

ここまでのまとめ③

タイパには、①時間効率、②消費結果によって、かけた時間が評価される（主に消費後）、③手間をかけずに○○の状態になる（主に消費対象を検討するうえでの指標）という3つの性質があり、通常現代消費社会においては、①時間効率と③手間をかけずに○○の状態なる、という側面がタイパ論の焦点となっている。

私たちの消費は「必要不可欠ではない消費」が中心で、交流的価値の創造を目的とした

①「外部刺激を受けて必要に駆られる消費」と②「消費した使用価値によって精神的充足につながる消費」が追求されている。精神的充足に直接つながらない、外部刺激を受けて必要に駆られる「じゃないモノ消費」はタイパが追求され、ファスト映画や動画倍速視聴などでコンテンツが消化される傾向がある。しかし、他人のSNSの投稿や「じゃないモノ消費」に追われることで、自身の唯一無二の価値である精神的充足につながる消費や、大切な人との消費、大事なライフイベントなどもタイパ志向になりがちだ。

消費は人を豊かにする。交流的価値の追求も心を豊かにはするが、消費を媒介に満たされるため、それ自体では満たすことができないし、せっかくコミュニケーションのネタを期待して消費しても、その期待が裏切られることもある。

本当にあなたを満たすのは「じゃないモノ」ではない。そして、あなたが欲しいモノはあなた自身が知っているし、あなたしか知らない。自分が必要としているモノを大事にするために、「じゃないモノ」にはタイパやコスパを追求し、効率化を目指すことこそが現代消費社会をうまくわたっていくための術なのだ。

本書を通じて、読者の皆さんにとって何が大事なモノで、何が「じゃないモノ」なのか、自身を振り返るきっかけとなれば幸いだ。

なんでもかんでもタイパやコスパが追求されてしまうのは合理的ではあるが、味気ない。同じ食事でも、完全栄養食で栄養はまかなえたとしても、どうせ食べるならおいしいモノで自分を満たしたいではないか。

こういうシンプルな例なら言われなくてもわかるけれども、コストがかかったり、消費結果の成功・不成功が客観視できないモノに関しては、消費で損したくないから効率化を求めてしまうのだろう。

でも、あなたが好きなモノはあなたにしかわからないし、それはあなただけの価値になる。

筆者は長年「消費」について研究しているが、常に忘れないようにしていることがある。それは、第1章でも述べた通り、「消費は楽しい」ということだ。効率性や合理性を重視し、消費内容が簡素化すると「楽しさ」は目減りする。自身が楽しいと思える消費、自身の癒やしとなっている消費は、大事にしていきたいものである。

＊1「Twitterがバズった後にすぐ対応したい5つのこと＆気を付けたいこと」PR TIMES、2021年5月20日
https://prtimes.jp/magazine/buzz-management/

おわりに

これだけコンテンツに溢れている現代社会で、わざわざタイパの悪い「書籍」を手に取り、最後まで読んでいただけたことに大変感謝しております。

本書の出版企画をいただいたのは、ちょうど自身の初著書『あの新入社員はなぜ歓迎会に参加しないのか　Ｚ世代を読み解く』（金融財政事情研究会）の原稿が校了したころで、立て続けに書籍を出版できるかもしれないという淡い希望に胸を弾ませて、千駄ヶ谷にある幻冬舎本社まで企画の打ち合わせにうかがったことを覚えている。

個人的には、２０２２年11月にタイパ市場を総括したレポートをリリースしており、タイパについてはもう触れることはないだろうな、と思っていた。ファスト映画問題からもしばらく時間が経っていたし、前出の稲田氏の書籍もあり、タイパは十分に擦られたネタであると認識していたからである。

しかし、レポートに対して予想をはるかに上回る反響があり、メディアからの取材や執筆依頼、最終的には書籍出版という大きな話まで舞い込んできたではないか。寝耳に水とはこのことだろう。

出版の打ち合わせを通して、なぜ同じようなタイパの議論が繰り返されているのか、何がタイパの議論を複雑にしているかが明確になった。

それは、タイパの定義である。定義があまりにもふわふわしていて、時間を短くすることすべてを「タイパ」と表しているのが現状である。手洗いの洗濯が洗濯機というイノベーションによって時短できることも「タイパ」、観てもいないのに観た気になるためにファスト映画を消費することも、ぜーーーーーんぶ「タイパ」。これじゃあ、ワイドショーでタイパ特集と称し、若者の倍速動画視聴の話題と同時に、「冷凍食品がタイパ志向の消費者によって支持されています!!」といったような、とりとめのない議論が行われていても致し方ない。

筆者は本書の執筆において、タイパの定義づけを最優先の課題とし、タイパが追求される目的を消費文化の視点から可能な限り掘り下げたつもりではある。定義づけをするうえで、目的の違いをはっきり理解してもらうために、極論を振りかざした部分もあったかもしれないが、とにかく筆者は読者の皆さんに「合理性」以外を目的としたタイパが存在し、私たちが無意識にそれを追求していることを知ってもらいたかったのだ。

口酸っぱく認《したた》めた「手間をかけずに○○の状態になる」というタイパの定義が、ファスト映画を起因として盛り上がりを見せた昨今のタイパブームの本質である。今後読者の皆さんが「タイパ」という言葉に出会ったときに、合理性と同時にこの定義も想起していただければ、本書を書いた甲斐があったといえるだろう。

最後に、いつも支えてくれて好きなように人生を謳歌させてくれる家族、研究が煮詰まったときに一緒に出口を模索してくれる河原麻子先生、何気ない会話を通じて新しい気づきや発見を与えてくれる武内君、私がのびのび働ける環境を与えてくれて研究を奨励してくれる手島恒明社長、ときに褒めちぎり、ときに「まだできるだろう」と叱咤《しった》激励して私の自己肯定感を高めてくれる鈴木寧部長をはじめとした、ニッセイ基礎研究所の皆さんに感謝を伝えたい。なにより、私の原稿に共感してくれて、二人三脚でこの書籍を作り上げてくれた幻冬舎の小林さんには心から感謝いたします。

著者略歴

廣瀬　涼

（本来の表記は廣瀬　涼）

ひろせりょう

ニッセイ基礎研究所生活研究部研究員。

大学院博士課程を経て二〇一九年、ニッセイ基礎研究所に入社。専門は現代消費文化論。「オタクの消費」を主なテーマとし、一〇年以上にわたってオタクの消費欲求の源泉を研究している。昨今は自身の経歴を活かして若者（Z世代）の消費文化についても研究を行い、講演や各種メディアで発表している。NHK『おはよう日本』、テレビ朝日『羽鳥慎一モーニングショー』、TBSテレビ『マツコの知らない世界』などで若者のオタク文化について制作協力。著書に『あの新入社員はなぜ歓迎会に参加しないのか　Z世代を読み解く』（金融財政事情研究会）がある。生粋のディズニーオタク。

幻冬舎新書 706

タイパの経済学

二〇二三年九月二十五日 第一刷発行

著者 廣瀬 涼
発行人 見城 徹
編集人 小木田順子
編集者 小林駿介
発行所 株式会社 幻冬舎
〒一五一-〇〇五一 東京都渋谷区千駄ヶ谷四-九-七
電話 〇三-五四一一-六二一一（編集）
〇三-五四一一-六二二二（営業）
公式HP https://www.gentosha.co.jp/
ブックデザイン 鈴木成一デザイン室
印刷・製本所 株式会社 光邦

検印廃止

Printed in Japan ISBN978-4-344-98708-1 C0295
ひ-11-1

＊この本に関するご意見・ご感想は、左記アンケートフォームからお寄せください。
https://www.gentosha.co.jp/e/